Das Geheimnis gelassener Hunde

Ines Gersten

Du und dein Hund Verlag

DU UND DEIN HUND
VERLAG

Druck: Amazon Deutschland oder Partner

Der Druck erfolgt in chlorfreier Tinte und das säurefreie Papier für den Innenteil des Buches wird von einem Anbieter mit Forest Stewardship Council-Zertifizierung bezogen. Alle Abfälle, die beim Drucken entstehen und sich im Büroalltag anfallen, werden ordentlich recycelt und verwertet. Zudem werden in der Zukunft weiterhin Prozesse stattfinden, um die Umweltfreundlichkeit zu versichern. Damit verpflichtet sich der Druckpartner Amazon und seine Partner dazu, seinen Teil zum Umweltschutz beizutragen.

Unser Verlag verzichtet zudem auf überflüssigen Schriftverkehr und wickelt alle Prozesse digital ab. Dies spart Ressourcen und schont die Umwelt!

ISBN: 978-9-403699-31-8

Das Geheimnis gelassener Hunde

Mit Impulskontrolle und Frustrationstoleranz zum gelassenen Mensch-Hund-Team. Wie du deinen Hund besser verstehst und liebevoll erziehst

von

Ines Gersten

Inhalt

1. OHNE THEORIE GEHT ES NICHT 11

Warum macht Ihr Hund, was er macht? 13
Was passiert in seinem Gehirn? 15
Warum ist Impulskontrolle so schwer? 17
Fehler, die es zu vermeiden gilt 19
Stress – und was Sie dagegen tun können 21

2. HUNDEVERHALTEN UND WIE SIE ES BEEINFLUSSEN 23

Bedürfnisse 27
Körpersprache 29
Kommunikation zwischen Ihnen und Ihrem Hund 33
So bauen Sie eine harmonische Beziehung auf 37
Ihr Hund lernt, Ihnen zu vertrauen 42
Ihr Hund und sein Rudel 44
Übungen für mehr Gelassenheit 46

3. VOM UMGANG MIT SICH SELBST 51

Wissen ist der Schlüssel 52
Entspannen leicht gemacht 55
Mit Geduld geht alles besser 59
Einfühlungsvermögen und Verständnis entwickeln 63

4. DAS SPIEL BEGINNT 65

Konzentration und Ablenkung 67
Sie sind der Mittelpunkt 70

Die Anforderungen langsam steigern 71
Ihr Hund bestimmt das Tempo 72
Motivation 74
Belohnen, aber richtig 75
Konsequenz 82
Wichtige Signale 85
Auflösungssignal 87

5. PRAKTISCHE UBUNGEN 89
Der Kläffer 91
Der Postboten- und Pizzalieferantenjäger 100
Der Türklingelstürmer 104
Der Leinenzieher 111
Der Anspringer 120
Der Alleingelassene 124
Der Aggressive 130
Der Ängstliche 137
Der Hypersensible 141
Der Auf-und-Davon-Drauflosstürzer 146
Der Ungeduldige / Die Nervensäge 152
Der (Leinen)Pöbler 155
Der Wildhetzer 157
Der Zerstörer 163
Der Nichtliegenbleiber 164
Der Boxenverweigerer 166

Aus Liebe zur Umwelt verzichten wir auf viele Fotos & Farbdruck.

Vorwort

Weicht Ihre Vorstellung vom Zusammenleben mit einem Hund stark von der Realität ab? Ihr Traum vom brav an der Leine gehenden Hund platzt beim Anblick eines Rehs oder beim ersten Jogger, der vorbeikommt? Geraten Sie in Panik, wenn sich ein fremder Hund mit seinem Herrchen nähert? Sie kommen abends müde nach Hause. Mit Unbehagen denken Sie daran, dass Ihre Fellnase wahrscheinlich stundenlang mit seinem Spielzeug nerven wird, dabei wollen Sie nur noch Ruhe. Absolutes Chaos bricht spätestens dann aus, wenn es an der Tür klingelt. Dazu kommt der nörgelnde Nachbar, der sich über ständiges Bellen und Jaulen Ihres Vierbeiners aufregt.

Dabei lieben Sie Ihren Hund und würden alles für ihn tun. Ein Kurs in der örtlichen Hundeschule hat nicht viel gebracht. Der Leinen-Workshop hat zwar vor Ort funktioniert, aber beim täglichen Spaziergang war alles schnell wieder beim Alten.

Nun haben Sie sich entschieden, den ersten Schritt zur Besserung zu machen: Sie lesen dieses Buch. Es nimmt Sie mit auf eine spannende Reise. Auf dieser Reise werden Sie mit Ihrem vierbeinigen Freund unterwegs viele Abenteuer und lustige Spiele erleben. Dazwischen liegen immer wieder Ruhepunkte, viele Momente um innezuhalten, einfach, um an den Blumen zu riechen.

Nicht nur Ihr Hund wird lernen, ruhig und gelassen alle Hürden zu meistern. Dieses Buch hält ebenfalls Entspannungsübungen für Sie bereit. Gehen Sie den Schritt gemeinsam mit Ihrer Fellnase. Sie werden staunen, wie sich Ihr Verhältnis zueinander wandelt. Das Verhalten eines Hundes wird von seiner Umwelt geprägt. Wenn Sie gestresst und unruhig sind, wie soll dann Ihr Vierbeiner ruhig bleiben? Er hört die Alarmglocken in Ihrem Kopf genauso laut schrillen wie Sie.

Die Übungen sind so aufgebaut, dass Hundeneulinge sie leicht nachvollziehen können. Und „alte Hasen“ finden so manchen Tipp oder Übungen, die sie noch nicht kennen.

Vor einigen Jahren tauchten die ersten Hunde und Halter mit akuten Verhaltensauffälligkeiten bei mir als Hundetrainer auf. Bis dahin hatte ich Welpen, Junghunde und Sporthunde (Agility) trainiert. Die Problemfälle nahmen schnell zu und wurden vielschichtiger. Vom Leinenpöbler über Widhetzer und Nervensägen bis zum übersensiblen Hibbelhund war alles dabei.

Zur gleichen Zeit zog der kleine Benny, ein Parson Russell Terrier, bei mir ein. Benny brachte ein beträchtliches Maß an Aggressivität mit. Im zarten Alter von 6 Monaten begann er, meine beiden Hündinnen zu tyrannisieren. Teilweise geriet er völlig außer Kontrolle. Alle üblichen Maßnahmen, um dem gegenzusteuern, beeindruckten ihn nicht. Er war auf dem besten Weg, die Weltherrschaft an sich zu reißen. Akut wurde es, als er versuchte, mich zu beißen. Da stand die Frage: ‚Zurück zum Züchter oder lass ich mir was einfallen?' im Raum. Und ich ließ mir was einfallen.

Tierverhalten und Verhaltensforschung sind schon lange mein Hobby, nicht zuletzt deshalb arbeite ich mit Hunden.

Ich sah mir die Hibbelhunde, die zum Training kamen, genauer an. Sie zeigten allesamt deutliche Anzeichen von Stress. Das brachte mich dazu, den Trainingsansatz zu überdenken und das Training völlig neu zu gestalten. Es geht nicht mehr darum, den Hund stärker auszulasten o. A., in der Hoffnung, dass er dann Ruhe gibt. Das kann nicht funktionieren, damit baut man nur noch mehr Stress auf. Das stressbedingte Fehlverhalten wird sich nicht bessern, im Gegenteil.

Stattdessen machen wir Entspannungsübungen, nehmen den Stress aus dem Alltag von Hund und Mensch. Wir arbeiten mit Ruhe und viel Einfühlungsvermögen daran, Vertrauen aufzubauen, die Bindung zu stärken und so zu mehr Harmonie und Gelassenheit zu finden. Jedes Mensch-Hund-Team bekommt ein individuelles, auf das jeweilige Problem zugeschnittene, Programm.

Dieses Konzept habe ich auch in diesem Buch umgesetzt. Gemeinsam erreichen wir das Ziel: ein harmonisches Zusammenleben mit Ihrem Vierbeiner.

Es kann sofort losgehen, lehnen Sie sich zurück und tauchen Sie in das erste Kapitel ein:

Ohne Theorie geht es nicht

Es trainiert sich leichter, wenn Sie wissen, was Sie tun und warum Sie es tun. Nur den Anweisungen des Trainers zu folgen, mag auf den ersten Blick einfacher sein. Zu sehen und zu verstehen, was im Inneren Ihres vierbeinigen Freundes vor sich geht, ist die nächste Etappe auf dem Weg zum Ziel.

Warum macht Ihr Hund, was er macht?

Die Frage ist einfach zu beantworten: Er ist ein Hund. Hunde haben ihr artspezifisches Verhalten. Sie laufen und jagen gern, buddeln, sind wachsam, fühlen sich im Rudel wohl, haben ihr eigenes Kommunikationssystem usw. Einige dieser Eigenschaften haben sie vom Wolf geerbt, einen großen Teil hat der Mensch ihnen angezüchtet. Er wollte einen zuverlässigen Helfer bei der Jagd, die Hunde sollten Haus und Hof bewachen, das Vieh zusammenhalten, Lasten ziehen oder als Schoßhund verwöhnt werden. Diese Eigenschaften sind rassebedingt verschieden stark ausgeprägt. Ein für die Jagd gezüchteter Hund, ein Terrier oder Weimaraner, hat sicherlich einen größeren Jagdtrieb als ein Chihuahua oder ein Beagle, der zum Buddeln geboren ist.

Wild zu hetzen, ist ein normales Verhalten für einen Hund. Nur darf er es nicht (mehr) zeigen. Dieses Verhalten ist unerwünscht und er muss lernen, es zu kontrollieren. Das bereitet Stress, den Ihr vierbeiniger Freund allein nicht bewältigen kann.

Stress erschwert die Impulskontrolle, helfen Sie ihm dabei.

Manche Fellnasen lernen es schnell, bei anderen ist das Stresslevel beim Anblick von Wild so hoch, dass ihre Selbstbeherrschung, ihre natürliche Impulskontrolle, völlig versagt. Sie nehmen nichts anderes mehr wahr als das Reh oder den Hasen. Sie können noch solange und so laut rufen, er kann und wird darauf nicht reagieren.

Besonders schwer fällt es jungen, nervösen oder sensiblen Tieren, sich zu beherrschen. Große, massige Hunde (Bernhardiner) sind von Natur aus gelassener und ruhiger.

Oft haben Hunde, die auf Schnelligkeit und Wendigkeit gezüchtet werden, Probleme mit dem Nervenkostüm. Dazu gehören viele Hütehunde, die direkt beim Vieh eingesetzt werden, oder Sporthunde. Besonders im Agility wird es immer schneller. Jede hundertstel

Sekunde, jeder Zentimeter weniger zählt. Wen wundert es, dass es im Alltag ebenfalls zu impulsiven Reaktionen kommen kann.

Eventuell steht Ihr Hund aus einem Grund unter Stress, den Sie noch nicht erkannt haben. Er zeigt Verhaltensauffälligkeiten, die Sie sich nicht erklären können. Hier hilft genaues Beobachten der Fellnase. Ist die Ursache des Stresses gefunden, stellen Sie sie ab und das Fehlverhalten wird verschwinden.

Was passiert in seinem Gehirn?

Im Gehirn ist der präfrontale Kortex dafür zuständig, das Verhalten zu steuern. Er berücksichtigt dabei die Umweltbedingungen, Reize, Stress usw. Ihr Hund braucht einen gesunden, funktionierenden präfrontalen Kortex, damit die Impulskontrolle klappt. Die Vorgänge sind beim Menschen sehr ähnlich. Auch bei Ihnen sorgt der präfrontale Kortex dafür, dass Sie Montagmorgen um 5.00 Uhr aufstehen, um zur Arbeit zu fahren und nicht im Bett bleiben. Indem Sie aufstehen, zeigen Sie Impulskontrolle.

Dieser Bereich im Gehirn macht es möglich, dass Ihr Hund in der Lage ist, ein Verhalten abzubrechen und ein anderes auszuführen. Das ist die Voraussetzung für eine erfolgreiche Impulskontrolle. Das unerwünschte Verhalten, hier das Wildhetzen, muss nicht zwingend ausgeführt werden. Stattdessen kann Ihr Hund lernen, zu Ihnen zu kommen, eine Rolle zu machen oder dergleichen.

Leider ist der präfrontale Kortex überaus empfindlich. Bei Stress sinkt seine Leistungsfähigkeit rapide. In ruhigen Momenten können Sie Ihren Vierbeiner gut rufen. Er kommt schnell und zuverlässig. Bei jeglicher Störung des normalen Ablaufs, wie etwa, dass ein Radfahrer um die Ecke kommt oder Wild auftaucht, steigt der Stresspegel, der präfrontale Kortex funktioniert nicht mehr richtig und Ihre Fellnase verliert die Kontrolle.

Sie und Ihr eigener Stresspegel spielen hierbei eine ebenso wichtige Rolle. Ihr Arko wuselt herum und hat das Reh noch gar nicht wahrgenommen. Sie schon. Jetzt läuft bei Ihnen im Gehirn eine fatale Kettenreaktion: ‚ein Reh! – Arko! – er haut gleich ab! – ich muss ihn rufen! – sofort, bevor er das Reh sieht! – oh je, schnell, Arko du musst jetzt unbedingt kommen! – Wo ist die Leine! – Arko!!! – Arkoooo!!!‘ Das Ergebnis: Sie sind völlig gestresst, Ihre eigene Impulskontrolle versagt, Sie rufen Ihren Hund viel zu laut und mit viel zu viel Hektik in der Stimme. Ihr Hund hört Ihre Hektik, sie überträgt sich auf ihn, sein

Stresslevel schießt in die Höhe. Er weiß, da muss was sein, er entdeckt das Reh und – weg ist er.

Wären Sie ruhig geblieben, hätten Ihren Hund wie immer freundlich und ohne Panik gerufen, wäre er gekommen. Er hätte gar keinen Grund gehabt, nach einer Störungsquelle zu suchen.

Bei Stress wird das Hormon Cortisol gebildet (bei Hund und Mensch). Das Cortisol ist schuld daran, dass der präfrontale Kortex nicht mehr richtig arbeiten kann. Sie kennen es bestimmt auch, dass sie im gestressten Zustand nicht mehr in der Lage sind, sich zu beherrschen. Der präfrontale Kortex entwickelt sich erst sehr spät zu seiner vollen Leistungsfähigkeit. Deshalb fällt es jungen Hunden und kleinen Kindern besonders schwer, sich zu kontrollieren. Ihr Hund kann unter Stress sein Jagdverhalten nicht kontrollieren. Auf erlerntes Verhalten (Rückruf) kann er dann nicht mehr zugreifen.

Damit es gar nicht erst so weit kommt, pflegen Sie Ihren präfrontalen Kortex und den Ihres Hundes. Ganz wichtig ist, dass der Stress nicht über längere Zeit andauert. Das kann dazu führen, dass sich dieser Teil des Gehirns verändert und seine Leistungsfähigkeit generell sinkt. Ein Gehirn regeneriert sich erst, wenn der Dauerstress verschwindet. Das dauert so lange, wie vorher der Stress angehalten hat.

Deshalb sollten Sie zusammen mit Ihrem Vierbeiner einen großen Bogen um jeglichen Stressansatz machen. Das ist nicht immer möglich. Sie werden mit Sicherheit weiterhin Rehen und Hasen begegnen. Möglich ist es zu lernen, mit Stress besser umzugehen.

Warum ist Impulskontrolle so schwer?

Das Vertrackte an der Impulskontrolle ist, dass Ihr Hund nicht verallgemeinern kann. Sie können mit ihm „Sitz“ und „Bleib“ üben. Sie können auch „Sitz“ und „Bleib“ vor dem gefüllten Futternapf üben. Wollen Sie einkaufen gehen, müssen Sie „Sitz“ und „Bleib“ vor einem Laden extra trainieren. Ihr Vierbeiner übernimmt es nicht automatisch, es ist für ihn eine andere Situation.

Genauso ist es mit dem Rückruf. Ihre Fellnase kann ihn in ruhiger Umgebung umsetzen. Kommt Ablenkung – ein Reh – dazu, erhöht sich der Cortisolspiegel, Stress macht sich breit und die Selbstkontrolle schwindet. Die Bedingungen haben sich geändert. Ihr Hund verschwindet in einer Staubwolke und Sie stehen hilflos daneben.

Was bedeutet das konkret? Sie müssen jede Situation, in der Ihre Fellnase auf den Rückruf reagieren soll, separat üben. Wollen Sie, dass Ihr Hund kommt, obwohl er ein Reh sieht, können Sie das nur üben, wenn Ihr Hund ein Reh sieht. Wollen Sie Ihren Hund von einem Radfahrer zurückrufen, können Sie das nur mit einem Radfahrer üben.

Funktioniert der Rückruf bei einem stehenden Reh, funktioniert er noch lange nicht bei einem Reh, das wegläuft. Auch das ist wieder eine neue Situation, die Sie speziell üben müssen. Hunde differenzieren da sehr genau. Sie werden sicherlich auf Ihrem Übungsplatz kein Reh zur Verfügung haben. Das brauchen Sie auch nicht. Auf dem Platz üben Sie die Grundlagen. Mit dem Reh üben Sie, wenn Sie draußen beim Spazierengehen einem solchen begegnen.

Ich hatte im Training eine kleine Hündin, deren Hobby es war, Autos zu jagen. Wir trainierten mit einem Auto, nach einigen Übungseinheiten funktionierte es schon gut. Das Problem wäre aus der Welt gewesen, hätte ich nicht einen entscheidenden Fehler gemacht. Wir haben zum Üben immer dasselbe Auto verwendet. „Und wenn schon“, werden Sie jetzt sagen und als Mensch haben Sie da vollkommen recht. Für uns Menschen ist ein Auto ein Auto. Nicht für die kleine Mia. Sie ließ nun zwar dieses eine spezielle Auto in Ruhe, allen anderen Autos wurde weiter fröhlich hinterhergehetzt. Wir fingen wieder von vorn an, dieses Mal mit verschiedenen Autos.

Impulskontrolle funktioniert nicht von jetzt auf gleich. Wenn Sie jetzt losgehen, um mit einem fliehenden Reh zu trainieren, geht das schief. Lassen Sie uns gemeinsam mit den Grundlagen beginnen und dann Schritt für Schritt weiter daran arbeiten. In den folgenden Kapiteln finden Sie die entsprechenden Übungen dazu.

Merke: Impulskontrolle trainieren erfordert viel Geduld und schrittweises Arbeiten.

Überlegen Sie einmal. Ihr Kind oder Enkel lernt in der ersten Klasse. Was erwarten Sie? Es wird die einzelnen Buchstaben kennenlernen, es wird anfangen, erste kurze Worte und Sätze zu schreiben und zu lesen. Erwarten Sie, dass Ihr Kind nach 4 Wochen Schule eine Doktorarbeit schreibt? Sicherlich nicht.

Einem fliehenden Reh nicht zu folgen, ist die Doktorarbeit für Ihren Hund. Es erfordert ein Höchstmaß an Impulskontrolle und entsprechend viel Training.

Hat sich Ihre Fellnase erfolgreich von einem Reh abrufen lassen, ist seine Impulskontrolle für einige Zeit „aufgebraucht". Sieht er kurz darauf wieder ein Reh, fällt es ihm nun erheblich schwerer, zurückzukommen. Seine Impulskontrolle muss erst wieder aufgeladen werden.

Fehler, die es zu vermeiden gilt

Damit Ihre Fellnase nicht ständig unkontrolliert wegläuft, haben Sie in der Hundeschule das „Bleib“ und den Rückruf geübt. Beides sind wichtige Grundlagen, um Impulskontrolle aufzubauen. Nur ist es damit allein längst noch nicht getan. Die Kommandos in der Hundeschule oder zu Hause im Garten zu üben, reicht nicht aus. Steigern Sie die Ablenkungen.

Oft läuft das Training unter dem Motto: ‚Den werden wir schon müde kriegen‘. Körperliche Erschöpfung baut den Stress nicht ab. Wenn Ihr Hund nach einer Stunde Training zu müde ist, um wegzulaufen oder nicht mehr an der Leine zerrt, hat das nichts mit Impulskontrolle zu tun. Das Fehlverhalten bessert sich nicht. Im Gegenteil, mehr Training steigert seine Ausdauer und sein Durchhaltevermögen. Das ist ein Teufelskreis. Er wird noch mehr nerven.

Das Aktivitätspotential ist rassebedingt und individuell verschieden. Ein Border Collie aus einer Arbeits- oder Sportlinie braucht sicherlich mehr Bewegung und Beschäftigung als ein Mops. Dennoch darf man es nicht übertreiben, beobachten Sie Ihren Vierbeiner deshalb genau. Ein normaler, erwachsener Hund schläft 12 bis 16 Stunden täglich.

Manche Hundehalter werden ungeduldig und versuchen, mit Druck zum Erfolg zu kommen. Druck entsteht bereits, wenn Sie mit scharfer oder lauter Stimme die Kommandos herausbrüllen oder ihn rufen wollen. Wenn Sie jemand anbrüllt: „Komm her!“, und dabei noch drohend schaut, würden Sie da hingehen? Druck baut immer Gegendruck und jede Menge Stress auf.

Nachdem Ihre Fellnase Impulskontrolle gezeigt hat, wenn auch nur ansatzweise, wird gleich weitergeübt. Er soll das eben Gezeigte wiederholen, um es zu festigen. Das kann Ihr Hund nicht. Impulskontrolle ist sehr anstrengend, er kann sie nicht endlos ausführen. Angebracht wären hier eine angemessene, hochwertige Belohnung und eine Pause, in der sich sein präfrontaler Kortex erholen kann.

Es ist ähnlich wie bei dem Experiment mit dem Wasserglas. Nehmen Sie ein normales Trinkglas aus Ihrer Küche und füllen Sie etwas Wasser hinein, wie viel ist egal. Halten Sie das Glas am ausgestreckten Arm hoch. Nach 3 Minuten setzten Sie es für 5 Sekunden ab und heben es anschließend wieder 3 Minuten hoch, 5 Sekunden Pause, 3 Minuten hochhalten, 5 Sekunden Pause usw. Wie lange schaffen Sie das?

Jetzt probieren Sie folgende Variante: Sie heben das Glas wieder 3 Minuten hoch, machen 30 Minuten Pause, 3 Minuten hochhalten, 30 Minuten Pause usw. Nach jedem Hochheben bekommen Sie ein Eis in Ihrer Lieblingsorte.

Welche Version ist Ihnen leichter gefallen?

Ersetzen Sie gedanklich jedes Hochheben des Glases mit einer Übung zur Impulskontrolle. Die Impulskontrolle wird nicht ausreichend belohnt. Dafür, dass Ihr Hund einem Reh nicht nachgelaufen ist, reicht ein Leckerchen nicht aus. Hier müssen Sie wesentlich mehr auffahren.

Merke:

- Situationsbedingt üben
- Die Anforderungen langsam steigern
- Nicht zu viel Impulskontrolle vom Hund verlangen
- Viele Pausen
- Druck und Stress vermeiden
- Impulskontrolle muss sich lohnen

Stress – und was Sie dagegen tun können

Alles wird schneller, lauter, hektischer. Das merken auch unsere Hunde. Durch Stress bedingte Verhaltensauffälligkeiten nehmen ständig zu. Die Ursachen sind vielschichtig und oft schwer zu erkennen. Eventuell waren Sie längere Zeit zuhause, durch Krankheit oder andere Dinge. Ihr Hund hatte sich daran gewöhnt, dass Sie da sind. Plötzlich ist er tagsüber wieder allein, das kann ein Auslöser sein. Oder Ihr Hund ist unter- oder überfordert, fühlt sich nicht wohl, hat Schmerzen, reagiert empfindlich auf laute Geräusche oder ist generell sensibel.

Den Stressauslöser zu finden, ist wichtig. Dass Ihr Fellfreund allein sein muss oder dass ab und zu die Sirene vom Rettungswagen ertönt, können Sie nicht ändern. Sie können ihn langsam daran gewöhnen, dass Sie nicht mehr ständig da sind. Laute Geräusche lassen sich mit etwas Fingerspitzengefühl desensibilisieren. Andere Faktoren lassen sich relativ einfach abstellen. Dazu gehören zu viel oder zu wenig Beschäftigung oder eventuell ist ein schmerzender Zahn die Ursache für Fehlverhalten. Das sollte beim Tierarzt abgeklärt werden.

Sie können nur Ruhe in Ihren Hund bringen, wenn Sie selbst gelassen sind. Es bringt nichts zu trainieren, wenn Sie genervt sind. Mit Ihrer inneren Unruhe belasten Sie das Nervenkostüm Ihres Vierbeiners zusätzlich. Machen Sie dann lieber einen langen Spaziergang mit ihm. Setzen Sie sich ins Auto und fahren Sie in eine ruhige Gegend, wo Hundebegegnungen unwahrscheinlich sind. Klappt der Rückruf noch nicht, nehmen Sie eine Schleppleine mit.

Lauschen Sie den Vögeln und achten Sie auf den Wind, der durch Ihr Haar streicht, schauen Sie den Schmetterlingen zu, wie sie durch die Luft gaukeln. Das Handy bleibt in der Tasche, auch wenn es klingelt.

Beobachten Sie Ihren Begleiter. Wie ist seine Körpersprache? Hängt die Rute entspannt herunter oder wedelt sie nervös umher? Wie stehen seine Ohren? Was macht er? Läuft er aufgeregt herum, schnüffelt er? Unterhalten Sie sich mit ihm.

Zwischendurch versuchen Sie eine kleine Entspannungsübung. Atmen Sie einen Schritt lang ein und die folgenden 4 Schritte aus. Immer wieder, bis Sie ganz ruhig sind. Auf Dauer bringen Sie mit einem geregelten Tagesablauf Ruhe in den Alltag. Ihr Vierbeiner weiß dann genau, wann es nach draußen geht, wann er sein Futter bekommt und wann Ruhephasen sind. Zu den Ruhepausen muss er sich an ungestörte Orte zurückziehen können. Sie möchten auch nicht ständig aus dem Schlaf gerissen werden.

- Feste Futterzeiten machen Betteln überflüssig. Er weiß, dass er sein Futter bekommt und wann er es bekommt. Leckerchen zwischendurch gibt es nur, wenn er eine Übung bewältigt hat.

- Die Zeiten fürs Spielen und Gassigehen sollten Sie unbedingt einhalten. Wenn es regnet, rüsten Sie sich mit Regenjacke und Gummistiefeln aus.

- Finden Sie das richtige Maß an Beschäftigung und Bewegung. Sowohl zu viel, als auch zu wenig können Stress auslösen. Suchen Sie nach einer Betätigung, die Ihnen beiden Spaß macht.

- Achten Sie auf ausreichend Pausen und geben Sie Ihrem Fellfreund ab und zu die Gelegenheit, einfach ein Hund zu sein.

Hundeverhalten und wie Sie es beeinflussen

Weiter oben hatten wir bereits festgestellt, dass sich Ihr Hund seiner Art entsprechend verhält. Sein Verhalten ist zum Teil angeboren, zum Teil erlernt. Es äußert sich in Körperhaltungen, Bewegungen, Gefühlen, Mimik und Lauten.

Angeborene natürliche Verhaltensweisen sind zum Beispiel das Sozialverhalten und das Fortpflanzungsverhalten. Dazu kommen das vom Menschen angezüchtete Verhalten Jagdtrieb, Hütetrieb, Beschützerinstinkt (Wachsamkeit) oder Apportierfreudigkeit. Diese Verhaltensweisen sind in den Genen verankert und extrem schwer zu ändern. Ihr Rüde wittert eine läufige Hündin. Er wird alles daransetzen, um zu ihr zu gelangen. Eine Hündin, die Junge hat, wird die Kleinen säugen, sauberlecken, sie warmhalten und gegen jeden Eindringling verteidigen.

Merke: Angeborenes Verhalten zu ändern, ist äußerst schwer und langwierig.

Ihr Hund kann und muss bestimmte Verhaltensweisen lernen. Das geht los, wenn der Welpe bei Ihnen einzieht. Er muss sich an die neue Umgebung und Lebenssituation gewöhnen. Das ist ein, wenn auch unbewusster, Lernprozess. Er lernt, wo sein Futternapf steht, wo er seinen Ruheplatz hat, wer seine Hauptbezugsperson ist, wann es Futter gibt usw.

Sich in sein neues Rudel zu integrieren, das muss die Fellnase aktiv lernen. Als Erstes lernt er wahrscheinlich, stubenrein zu werden. Gefolgt von ‚Ich darf bei Tisch nicht betteln', ‚Ich gehe vernünftig an der Leine' usw. Er muss sein Verhalten anpassen.

Dieses erworbene, erlernte Wissen kann sich ändern. Sie haben eine neue Arbeitsstelle. Jetzt kommen Sie nicht mehr um 17.00 Uhr nach Hause, sondern um 18.00 Uhr. Die Futterzeit für Ihre Fellnase verschiebt sich dadurch ebenfalls um eine Stunde nach hinten. Sie wird es lernen, sie wird sich daran gewöhnen. Es gibt das Futter jetzt eine Stunde später. Wie lange es dauert, hängt davon ab, wie alt Ihr Hund ist und wie lange die alte Futterzeit bestanden hat. Junge Hunde ler-

nen schneller. Je länger die alte Futterzeit gültig war, umso schwerer fällt die Umstellung. Haben Sie 8 Jahre um 17.00 Uhr gefüttert, fällt das Umlernen schwerer, als wenn Sie nur 1 Jahr um diese Zeit die Futterschüssel gefüllt haben.

Merke:

- Erlerntes Verhalten kann geändert werden.
- Verhalten zu ändern, das sich bereits gefestigt hat, ist schwer, aber möglich.

Verhalten wird von der Umwelt geprägt und ausgelöst. In der warmen Jahreszeit liegt Ihr vierbeiniger Freund gern draußen im Garten. Im Winter bevorzugt er den warmen Platz an der Heizung. Brennt ihm im Sommer die Sonne auf den Rücken, steht er auf und sucht sich einen Platz im Schatten. Er passt sein Verhalten an die Umwelt an. Er verhält sich so, dass es für ihn angenehm ist. Unangenehme Dinge versucht er durch entsprechendes Verhalten, zu vermeiden.

Merke: Ändert sich die Umwelt, ändert sich das Verhalten.

Solange das Verhalten Ihres Hundes zum Erfolg führt, wird er es beibehalten. Warum sollte er es ändern? Damit er sein Verhalten ändert, braucht er einen Grund. Und genau den müssen Sie ihm liefern.

Ihr Beagle gräbt ständig Ihr Blumenbeet um. Wenn Sie möchten, dass er woanders buddelt, müssen Sie ihm einen Anreiz liefern. Das Blumenbeet ist deshalb so attraktiv, weil die Erde hier schön locker ist und es nach Ihnen riecht. In seiner Buddelecke muss er entsprechend leicht graben können, Sie sollten sich dort beschäftigen (Geruch). Jetzt haben wir Gleichstand Blumenbeet = Buddelecke. Damit die Buddelecke gewinnt, müssen Sie noch was drauflegen. Vergraben Sie in der Buddelecke Leckerchen oder Kaustangen, eventuell auch ein Spielzeug. Hat Ihr Erdarbeiter die ersten Goodies gefunden, wird er zukünftig lieber in der Buddelecke graben. Hier hat er Erfolg, hier findet er etwas.

Einem Beagle das Buddeln gänzlich abzugewöhnen, ist schwer. Er ist ein Jagdhund und wurde darauf gezüchtet, Fuchs- und Dachsbaue aufzugraben. Er folgt einem natürlichen Impuls, wenn er buddelt. Es ist an Ihnen, diesen Impuls in die richtigen Bahnen zu lenken.

Merke: Mit positiven Reizen können Sie Verhalten ändern. Bieten Sie ein erfolgversprechendes Ersatzverhalten an.

Unerwünschtes Verhalten sollten Sie so schnell wie möglich unterbrechen. Rennt Ihr Vierbeiner schon hinter dem Reh her, ist es sinnlos zu rufen. Er ignoriert das dann. Rufen Sie ihn, sowie er das Reh sieht oder vorher. Das ist der Beginn der Arbeit an Rehen. Kommt er, muss es eine angemessene Belohnung geben. Ein Ball- oder Apportierspiel liefert ihm die Hetzjagd und obendrein bekommt er die Beute, also den Ball.

Bedürfnisse

Wie jedes Lebewesen, so hat auch Ihr Partner Hund Grundbedürfnisse, die befriedigt werden wollen. Dazu gehören ausreichendes, gutes Futter, Wasser, Ruhe/Schlaf, Bewegung, Beschäftigung, Zuwendung und er braucht mehrmals täglich Zeit für sich ohne das Herrchen . Stimmen die äußeren Umstände, steht einem langen, glücklichen Hundeleben nichts im Weg.

Damit diese Bedürfnisse zu seiner Zufriedenheit erfüllt werden, muss Ihr Hund sein Verhalten anpassen. Er muss lernen. Ihre Fellnase begrüßt alle Besucher mit überschwänglicher Freude. Er springt unter lautem Gebell an ihnen hoch und ist auch sonst völlig aus dem Häuschen. Gestatten Sie das, wird es ewig so weitergehen. Ihr Hund bekommt was er will: die volle Aufmerksamkeit, Streicheleinheiten und wahrscheinlich einen Haufen Leckerchen aus den Taschen des Besuchers. Seine Bedürfnisse werden erfüllt, seine Welt ist in Ordnung.

Was meinen Sie, wird passieren, wenn er nichts von alledem bekommt? Keine Aufmerksamkeit, der Besucher ignoriert ihn und unterhält sich stattdessen mit Ihnen, keine Streicheleinheiten, keine Leckerchen. Erst wenn er sich beruhigt hat, niemanden mehr anspringt und aufgehört hat zu bellen, wendet der Besucher sich ihm zu. Jetzt bekommt er seine Streicheleinheiten und die mitgebrachten Leckerchen.

Das passiert nicht nur bei diesem Besucher, nein, der nächste und übernächste macht es genauso. Bei einem jungen Hund fängt jetzt das Gehirn an zu arbeiten. Bei einem älteren Vierbeiner sind noch 10 bis 20 weitere Besucher, eventuell 50, notwendig. Dann merkt auch er, dass da was nicht stimmt. Sein altes Verhalten (anspringen, bellen, den Affen machen) führen zu keinem Ergebnis mehr. Die Umwelt hat sich geändert. Seine Bedürfnisse und Erwartungen werden nicht erfüllt, er ist unzufrieden.

Ein positives Ergebnis erreicht er, wenn er sich anders verhält (ruhig, abwartend). Dann werden seine Bedürfnisse erfüllt, das ist angenehm. Angenehme Dinge wiederholt man gern. Am Ende des Lernprozesses wird er sein Verhalten ändern. Er wird es an die neue Situation, seine neue Umwelt, anpassen. In der neuen Situation wartet er gelassen, bis Sie den Besucher begrüßt haben. Dann bekommt er seine Aufmerksamkeit.

Bei vielen Vierbeinern treten Verhaltensweisen auf, die nicht erwünscht sind. Fehlverhalten erschweren das harmonische Zusammenleben in der Familie. Damit Sie Ihren Fellfreund besser verstehen und sein Verhalten richtig deuten können, ist es wichtig, dass Sie ihn genau beobachten. Seine Körpersprache gibt Aufschluss darüber, wie er sich gerade fühlt.

Körpersprache

Ihr Fellfreund kann Ihnen nicht mit Worten sagen, was ihm fehlt oder wo es ihm wehtut. Hunde kommunizieren selten mit ihrer Stimme. Die Haltung von Rute, Ohren, Nase und des ganzen Körpers, sagen ihnen viel über ihr Gegenüber. Dabei unterscheiden sie feinste Nuancen in Bruchteilen von Sekunden und reagieren darauf. Mit seiner Körpersprache kommuniziert Ihr Fellfreund mit Ihnen. Er drückt so seine Wünsche und Gefühle aus.

Menschen können und tun das ebenfalls, wenn auch unbewusst. Beobachten Sie zwei Fußballmannschaften nach einem bedeutenden Spiel. Die Sieger sind stolz, freuen sich über den Meistertitel, sie gehen aufrecht, springen herum, machen freundliche Gesichter, lachen. Die Unterlegenen dagegen gehen langsam und mit hängenden Schultern vom Platz, die Shirts fliegen lustlos in eine Ecke. Ihren Gesichtern ist die Enttäuschung anzusehen. Obwohl Sie das Spiel nicht gesehen haben, wissen Sie, wer gewonnen und wer verloren hat.

Nun ist es schwierig, sich mit jemanden zu unterhalten, dessen Sprache man nicht kennt. Ihr Hund kennt Ihre Körpersprache ganz genau. Er weiß besser, wie Sie gerade fühlen, als Sie selbst. Wollen Sie Ihren Hund verstehen lernen, müssen Sie auch seine Körpersprache lernen. Einige grundlegende Dinge wissen Sie wahrscheinlich. Angelegte Ohren sind ein Drohsignal und eine wedelnde Rute deutet auf Freude hin.

Doch Vorsicht, so einfach ist es nicht. Eine schnell und locker wedelnde Rute mit weitem Ausschlag bedeutet tatsächlich, dass sich Ihr Vierbeiner freut. Ist die Rute beim Wedeln eher steif, bedeutet das Erregung und Anspannung. Meistens ist hier der Ausschlag kleiner, mit steigender Spannung kann er breiter werden.

Nur die Rute zu beobachten, kann zu Missverständnissen führen. Schauen Sie sich den ganzen Hund dazu an. Ein Hund, der sich freut, ist locker, mit freundlichem Gesichtsausdruck. Bei einem erregten Hund ist der Körper steif, wie eingefroren. Er bewegt sich, wenn überhaupt, im Zeitlupentempo, sein Kopf ist gesenkt, Augen und Ohren sind starr auf die Ursache der Aufregung gerichtet. Das können Sie sehr gut beobachten, wenn Ihre Fellnase eine Maus entdeckt, die fürwitzig aus ihrem Loch schaut.

Da es in diesem Buch um Impulskontrolle bei Hibbelhunden und seine nervösen und gestressten Artgenossen geht, wollen wir uns deren Körpersprache genauer anschauen.

Nervosität und Stress haben oft mehrere Ursachen. Beobachten Sie Ihren Hund, erkennen Sie, was ihn stresst. Wann genau wird er nervös, wann dreht er durch? Gibt es Anzeichen in seiner Körpersprache, die darauf hindeuten, dass er gleich durchdreht (wegläuft, aggressiv wird)?

Der nervöse Hund

Ist Ihr Vierbeiner nervös, wird er viel hin und her laufen, ohne, dass er ein Ziel zu haben scheint. Eventuell setzt oder legt er sich in sein Körbchen, nur um gleich darauf wieder aufzustehen. Er kann sich nicht konzentrieren.

Seine Ohren liegen dabei leicht nach hinten. Wird es ganz schlimm, fangen manche Hunde an, zu winseln oder leise vor sich hin zu jaulen.

Beim Winseln kann es sich um erlerntes Verhalten handeln. Womöglich hat er für Winseln mehrmals Aufmerksamkeit bekommen. Einem winselnden Hund geht es meistens nicht gut, Sie haben sich verstärkt um ihn gekümmert. Das möchte er wieder erreichen.

Der gestresste Hund

Die Anzeichen für Stress sind vielfältig. Nervosität ist eines davon, vielleicht bekommt Ihr Vierbeiner Durchfall oder ist ständig müde. Stress kann zu Aggressionen führen, es kann passieren, dass Ihr Hund anfängt Teppiche zu zerbeißen, Kissen zu zerfledern oder Möbel anzuknabbern.

Hunde zeigen bei Stress häufig Übersprunghandlungen. Das sind Verhaltensweisen, die völlig fehl am Platz sind. Ihr Hund gähnt, obwohl er nicht müde ist. Er sabbert, leckt sich das Maul, hechelt, ohne dass ihm heiß oder er schnell gelaufen ist. Auch hochfrequentes, scheinbar grundloses Bellen und Jaulen gehören dazu.

Manche Tiere knabbern sich die Pfoten auf oder jagen ihren eigenen Schwanz, obwohl sie schon einige Jahre alt sind. Bei Welpen und Junghunden ist es normal, wenn sie versuchen, ihren Schwanz zu fangen. Ebenso kann übermäßiges Wälzen ein Stresssymptom sein.

Sie kennen Ihren Hund und können am besten beurteilen, welches Verhalten normal ist und welches auf Stress hindeutet. Achten Sie darauf, wann Ihr Freund Anzeichen von Stress zeigt. Dann ist die Quelle nicht weit.

Der entspannte / gelassene Hund

Ist Ihr Vierbeiner entspannt, trägt er seine Ohren und die Rute seiner Rasse entsprechend. Bei einem Schäferhund oder Collie hängt die Rute locker herunter, Spitze und Papillons tragen sie eingerollt über dem Rücken. Seine Schnauze ist häufig leicht geöffnet, die Lippen sind nach vorn gerichtet, die Zunge ist zu sehen und die Fangzähne blitzen leicht hervor. Sein Körper ist weich und locker, die Augen normal geöffnet, ohne dass Weiß zu sehen ist.

Ihr Hund hat wesentlich mehr Übung darin, an Ihrer Körpersprache abzulesen, wie Sie sich fühlen, als umgedreht. Er weiß genau, was in Ihnen vorgeht, ob Sie nervös, glücklich oder entspannt sind. Danach richtet er sein Verhalten. Sie sind sein Umweltindikator. Sind Sie nervös, stimmt etwas nicht. Er weiß nicht, was nicht stimmt und beginnt argwöhnisch die Umgebung zu beobachten. Irgendwo muss doch etwas sein. Ihre Nervosität überträgt sich auf ihn.

Kommunikation zwischen Ihnen und Ihrem Hund

Sie als Mensch kommunizieren völlig anders als die lieben Vierbeiner. Sie verwenden hauptsächlich Ihre Stimme. Manchmal unterstreichen Sie Ihre Worte mit Handbewegungen und Mimik.

Ihre Stimme ist auch bei der Kommunikation mit Ihrer Fellnase ein wichtiges Instrument. Setzen Sie sie stets ruhig und positiv klingend ein. Viele Hundebesitzer verwenden eine hohe Stimmlage, wenn Sie mit Ihrem kleinen Freund sprechen, um ihn aufzumuntern oder zum Spielen und Toben aufzufordern. Da Ihr Hund zu Nervosität und Überreaktionen neigt, sollten Sie eine hohe Stimme vermeiden. Das würde ihn nur noch mehr aufregen. Eine zu tiefe Stimme klingt bedrohlich, auch das gilt es zu umgehen.

Sprechen Sie mit Ihrem Fellfreund in normaler Tonlage und in normaler Lautstärke. Es ergibt keinen Sinn, die Kommandos herauszubrüllen. Früher war das üblich. Inzwischen ist es zum Glück auch auf den Hundeplätzen angekommen und wird vermieden. Alle Hunde haben ein sehr feines, gut funktionierendes Gehör. Ihre Fellnase hört Sie ausgezeichnet, sogar, wenn Sie flüstern.

Versuchen Sie, Ihre Stimmkommandos mit Körperzeichen zu verbinden. Hunde verstehen Körperzeichen wesentlich besser. Vermeiden Sie Widersprüche zwischen Stimmkommando und Ihrer Körpersprache. Beobachten Sie sich und Ihre Körpersprache genauso akribisch wie die Körpersprache Ihres Hundes.

Beugen Sie sich nach vorn, wenn Sie Ihren Hund rufen? Wenn er sich dann in Ihre Richtung in Bewegung setzt, lächeln Sie ihm freundlich, mit vielen Zähnen im Gesicht, entgegen?

Wahrscheinlich wundern Sie sich spätestens jetzt, warum Ihr Hund zögert. Schauen Sie durch die Augen Ihres Freundes: ‚Da steht mein Mensch und ruft freundlich, toll, mal sehen, was er will. Aber er droht mir (nach vorn beugen = Drohgeste). Und jetzt zieht er noch die Lefzen (Lippen) zurück und zeigt seine Zähne! (Die Drohung wird noch verstärkt.) Vielleicht geh ich lieber doch nicht hin.‘

Kommt er trotzdem heran, dann sehr unterwürfig. Er macht sich klein, schaut zur Seite, windet sich, die Rute klemmt unter dem Bauch und eventuell knicken die Hinterbeine ein. Es sagt damit: „Ich unterwerfe mich dir, tu mir nichts!“

Machen Sie es ab jetzt besser. Sie rufen wieder Ihren Hund. Dieses Mal richten Sie sich gerade auf und beugen sich etwas nach hinten. Breiten Sie die Arme aus, als wenn Sie einen alten Freund treffen, den Sie umarmen möchten. Machen Sie ein freundliches Gesicht, lächeln Sie leicht, mit geschlossenem Mund. Ihre Augen sind weich und locker und Sie starren Ihrem Hund nicht entgegen (Anstarren = Drohgeste).

Ist er angekommen, gehen Sie gerade nach unten in die Hocke, um ihn zu begrüßen. Tätscheln Sie ihn vor Begeisterung nicht auf den Kopf. Hunde hassen das. Streicheln Sie ihn an der Seite, am Hals in der Schultergegend oder später an den Körperseiten. Schauen Sie sich an, wie sich zwei Hunde begrüßen. Sie gehen nie frontal aufeinander zu und sie sehen sich dabei nicht direkt in die Augen. Der erste Körperkontakt erfolgt immer seitlich.

Nochmal zum Kopftätscheln: Beobachten Sie Ihren Hund dabei. Er wird deutliches Unbehagen zeigen, den Kopf oder den ganzen Körper zur Seite drehen und sich klein machen. Viele Hunde sind es gewohnt, von ihren Menschen getätschelt zu werden. Sie akzeptieren es und lassen es über sich ergehen. Begeistert sind sie trotzdem nicht davon.

Starren Sie Ihrer Schnüffelnase nie direkt in die Augen! Das empfindet er als ernste Drohung. Das ist übrigens der Hauptgrund, wenn es zu Konflikten zwischen Kleinkindern und Hunden kommt. Kleinkinder haben von Natur aus einen starren Blick. Schauen sie damit den Hund an, gehen bei ihm die Warnsignale an. Ganz schlimm kann es

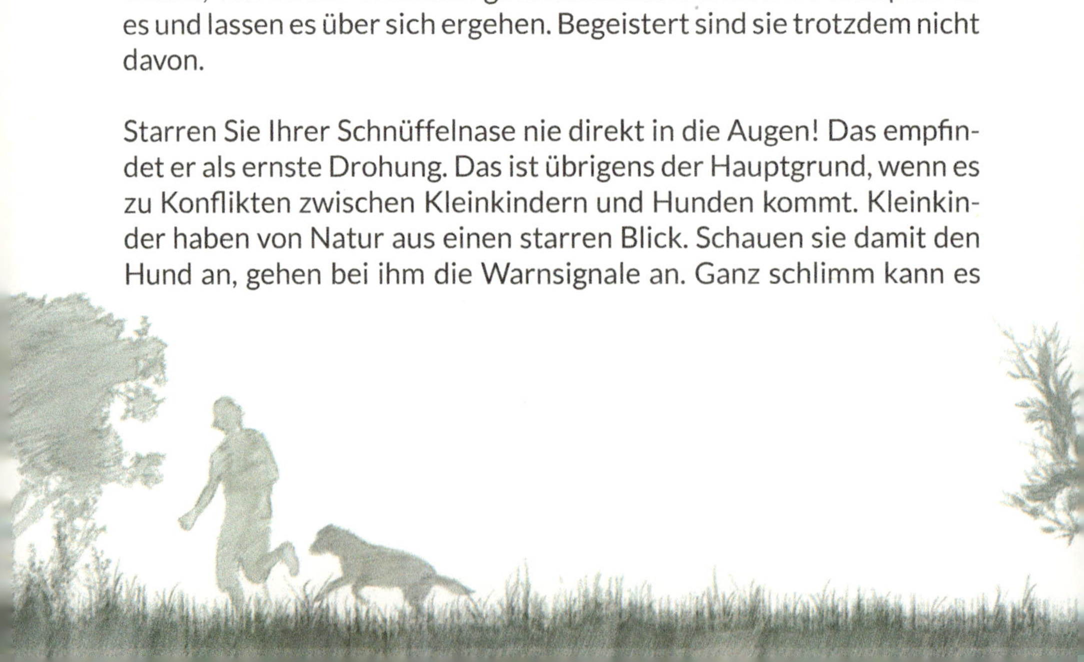

werden, wenn das Kind in seinem noch steifen, ruckartigen Gang näherkommt. Wie oben bereits beschrieben, liest der Hund daraus Anspannung, Drohung und noch mehr Gefahr. Der Stresspegel steigt. Die Situation kann außer Kontrolle geraten.

Hunde, die in Haushalten mit kleinen Kindern leben, erleben, wie sich die Kinder entwickeln. Sie wissen, dass keine Bedrohung von ihnen ausgeht und bleiben gelassen. Kennt Ihr Hund keine Kleinkinder, sollten Sie ihm durch die Situation helfen. Bremsen Sie das Kind oder bitten Sie die Eltern darum. Erklären Sie ihnen freundlich, aber bestimmt, worum es geht. Stellen Sie sich vor Ihre Fellnase. Es ist für Ihren Freund wichtig zu wissen, dass Sie ihm helfen, dass Sie ihn beschützen.

Merke:

- Stets in einer ruhigen, freundlichen Tonlage mit dem Hund sprechen
- Anbrüllen ist sinnlos
- Stets Stimme mit Körpersprache verbinden
- Auf die eigene Körpersprache achten und Drohgebärden vermeiden

Kommunikation funktioniert nur, wenn es mindestens 2 Beteiligte gibt. Jemand, der agiert und spricht (egal ob mit Körper oder Stimme) sowie jemanden, der reagiert und zuhört. Es ist sinnlos, mit jemanden kommunizieren zu wollen, der Ihnen nicht zuhört, der sich mit ganz anderen Dingen beschäftigt.

Ihr Hund schnüffelt intensiv auf der Wiese herum oder spielt mit seinen Hundekumpels. In dieser Situation wird er Ihnen jetzt nicht zuhören, denn er ist beschäftigt. Er wird Ihnen auch nicht zuhören, wenn er gerade ein Kissen zerfledert und Sie ihn anschreien, er soll damit aufhören.

Damit er Ihnen zuhören kann, muss er sein Verhalten abbrechen. Er muss sich Ihnen zuwenden und dann zuhören. Nun kann er ein anderes Verhalten ausführen, herankommen, sich setzen und aufhören, die Wohnung zu demolieren.

Das ist schwer, das muss er erst lernen. Genau darum geht es hier. Indem er ein Verhalten abbricht, um ein anderes auszuführen, zeigt er Impulskontrolle.

Erinnern Sie sich an den Montagmorgen? Sie müssen um 5 Uhr aufhören zu schlafen (das Verhalten schlafen abbrechen), damit Sie zur Arbeit fahren können (das neue Verhalten ausführen). Sie könnten ebenso gut den Wecker an die Wand schmeißen, sich umdrehen und weiterschlafen. Dann tun Sie genau das, was Ihr Vierbeiner tut, wenn er auf Ihren Ruf nicht reagiert. Warum stehen Sie auf, auch wenn es schwerfällt?

Die uneingeschränkte Aufmerksamkeit Ihres Vierbeiners bekommen Sie nicht einfach so, die müssen Sie sich erarbeiten. Warum sollte er eine spannende Tätigkeit unterbrechen? Weil Sie rufen? Was hat er davon?

Ihrem Hund fällt es leichter, auf Sie zu reagieren, wenn er eine enge Beziehung zu Ihnen hat.

So bauen Sie eine harmonische Beziehung auf

Beziehung hat viel mit Respekt zu tun. Respektieren Sie die Bedürfnisse Ihrer Fellnase.

Stellen Sie fest, dass er sich im Training oder beim Spielen nicht mehr konzentrieren kann, beenden Sie die Stunde. Denken Sie immer daran: Der Weg ist das Ziel. Es zählen das gemeinsame Erleben, etwas gemeinsam zu unternehmen sowie zusammen Spaß zu haben. Es ist unwichtig, wann Sie das Trainingsziel erreichen. Entscheidend ist, dass Sie mit Ihrem Hund zusammen sind und dass Sie den Weg gemeinsam gehen. Ob die Fellnase nun heute oder nächste Woche das „Sitz" lernt, ist völlig egal. Ihr Vierbeiner macht die Erfahrung, dass es Spaß macht, mit seinem Menschen, Ihnen, zu arbeiten. Er weiß auch, dass er nach dem Training seine Ruhezeit bekommt. Die braucht er unbedingt, denn sein Gehirn muss sich ausruhen. Es ist dabei nicht untätig, sondern es verarbeitet das Gelernte und Erlebte. Das braucht seine Zeit. Viele Fellnasen verschwinden dazu in einer ruhigen Ecke.

Manche Hunde, wie mein Benny, suchen nach dem Training oder anderen gemeinsamen Aktivitäten die Nähe Ihres Menschen. In dem Fall sollten Sie für ihn da sein. Sie möchten neben ihrem Menschen liegen (Kontaktliegen) oder brauchen einige Streicheleinheiten. Gehört Ihre Fellnase dazu, nehmen Sie sich die halbe Stunde oder Stunde Zeit. Es ist wichtig für Ihren Hund.

Er wird ruhig, weil er weiß, dass Sie für ihn da sind; in dem Moment nur für ihn. Genießen und pflegen Sie die Zweisamkeit. Nehmen Sie sich Zeit dafür und planen Sie generell diese Momente der Ruhe fest ein.

Einige Fellfreunde sind eher nicht für Körperkontakt und Kuscheln. Ihnen genügt es, wenn Sie einfach da sind. Respektieren Sie das, erzwingen Sie nichts. Zwang erzeugt Stress und Stress bringt Sie nicht weiter.

Spielen Sie möglichst körpernah. Einen Ball werfen ist auch ein Spiel, nur spielt Ihre Fellnase dabei nicht mit Ihnen, sondern mit dem Ball.

Freuen Sie sich gemeinsam über jeden winzigen Fortschritt. Achten Sie darauf, dass Sie Ihren Partner nicht überfordern. Gerade mit Ihrem nervigen oder sensiblen Hund ist es wichtig, ganz, ganz langsam anzufangen. Verlangen Sie zu viel von ihm, gerät er unter Stress, weil er Ihre Erwartungen nicht erfüllen kann. Hunde wollen von Natur aus alles richtig machen. Belohnen Sie ihn, fühlt er sich bestätigt. Damit vermitteln Sie (ja, genau Sie) ihm ein gutes, ein supergutes Gefühl. Erfolg haben ist schön, das findet auch Ihre Fellnase. Und Erfolg haben, mit Ihnen zusammen, ist noch viel schöner! Die Schnüffelnase lernt, dass es Spaß macht, wenn er sich nach Ihnen richtet, wenn er Ihnen zuhört und mit Ihnen zusammenarbeitet.

Unternehmen Sie gemeinsam Abenteuerspaziergänge, nur Ihr Hund und Sie (ohne Handy). Spannend wird es an Orten, an denen Sie noch nicht waren. Erleben Sie zusammen den Reiz des Neuen.

Treffen Sie unterwegs gefährliche Dinge (ein Strohbund, ein am Feldrand abgestelltes landwirtschaftliches Gerät, ein Mensch mit einer vollbeladenen Karre, ...), bringen Sie sich zwischen die Gefahrenquelle und Ihren Hund. Gehen Sie langsam zu dem Objekt. Wenn Ihr Hund nicht folgen möchte, braucht er das nicht. Lassen Sie die Leine bei Bedarf lang. Schauen Sie sich das Objekt interessiert an (ja, auch wenn es nur ein dämliches Strohbund ist), ganz in Ruhe. Ihre Körpersprache drückt Gelassenheit und Sicherheit aus. Berühren Sie es. Beobachten Sie dabei Ihren kleinen Feigling aus den Augenwinkeln. Kommt er langsam näher? Dann lassen Sie ihn das furchteinflößende Ding in Ruhe beschnüffeln. Kommt er nicht, gehen Sie einfach weiter. Vermeiden Sie jeden Zwang, er muss nicht zu dem Teil gehen. Bei der nächsten Gelegenheit wiederholen Sie das Spiel.

Merke:

- Zweisamkeit,
- Gemeinsames Erleben,
- Sich gemeinsam neuen Situationen stellen,

festigt die Bindung zwischen Ihnen und Ihrem Hund.

Dürfen wir Dich kurz unterbrechen?

Ihre Meinung als Leser ist gefragt. Dieses Buch soll ihnen ein angenehmes Leseerlebnis bereiten und ermöglichen, einen echten Mehrwert für ihr Leben mitzunehmen.

Daher bitten wir Sie herzlich um Ihr Feedback:

Hat Sie dieser Ratgeber weitergebracht?

Was können wir verbessern? Haben Sie bestimmte Inhalte vermisst, die in der nächsten Auflage Beachtung finden sollen?

Gefällt Ihnen etwas gar nicht oder hat der Fehlerteufel wieder zugeschlagen? Auch für Hinweise dieser Art sind wir Ihnen sehr dankbar.

Darum bitten wir Sie, uns Ihre ehrliche und ungeschönte Meinung mitzuteilen.

Schreiben Sie einfach eine formlose Mail an *verlags.kontakt@gmail.com* und teilen Sie uns Ihren persönlichen Eindruck mit.

Im Namen des Dein erster Hund - Verlags

Tom Bernhardt

Tom Bernhardt

Dein erster Hund
Verlag

Ihr Hund lernt, Ihnen zu vertrauen

Ihre Fellnase wird mit der Zeit lernen, dass er Ihnen vertrauen kann. Wächst die Bindung, wächst auch das Vertrauen. Wenn Sie signalisieren, dass alles in Ordnung ist und keine Gefahr droht, weiß er, dass es tatsächlich so ist. Er weiß, er kann sich entspannen, weil kein Grund besteht, sich aufzuregen, da Sie das regeln.

Er lernt ebenfalls, dass Sie die Situation unter Kontrolle haben. Ein häufiger Auslöser für Stress ist es, wenn Sie nervös, ängstlich und hysterisch werden. Ihrem Hund bleibt dann nichts weiter übrig, als die Kontrolle zu übernehmen. So funktioniert Hundelogik: Der Rudelführer ist hilflos und unfähig, also muss ein anderes Rudelmitglied die Führung übernehmen. Da niemand weiter da ist, ist Ihr Hund im Zugzwang. Er denkt, die Situation retten, sich selbst und Sie beschützen sowie Entscheidungen treffen zu müssen. Damit ist er allerdings hoffnungslos überfordert. Ihr Hund steht vor einer unlösbaren Aufgabe, gerät in Stress und dreht durch.

Glauben Sie nicht, Ihr Hund merkt nicht, dass Sie Angst haben. Sie können sich selbst einreden, dass Sie keine Angst haben, Ihren Hund täuschen Sie nicht. Er weiß es genau und reagiert entsprechend.

Haben Sie Angst vor Hundebegegnungen, meiden Sie sie. Das ist nicht die Endlösung, aber ein Anfang. Es ist für das Vertrauensverhältnis zwischen Ihnen und Ihrem Partner Hund besser, einer Hundebegegnung erst einmal auszuweichen. Bleiben Sie ruhig, Sie müssen niemanden etwas beweisen. Machen Sie selbstbewusst einen großen Bogen oder drehen Sie um, wenn sich ein fremder Hund nähert. Diese Entscheidung haben Sie getroffen, also können Sie gelassen bleiben. Ihre Fellnase akzeptiert das und bleibt ebenfalls ruhig. Würden Sie weitergehen, würde das obige Szenario greifen, Ihr Hund würde wahrscheinlich in die Leine gehen, bellen und keifen. Das bringt Sie nicht weiter. Fangen Sie stattdessen an, sich bewusst zu entspannen und folgen Sie den weiteren Übungen.

Bei einem ängstlichen Hund ist es besonders wichtig, dass Sie selbst gelassen bleiben. Ihre Angst verstärkt die Angst Ihres Hundes. Wenn Sie merken, Ihre Fellnase wird bei einer Übung oder bei einem Spaziergang unsicher, brechen Sie die Übung sofort ab. Tun Sie das nicht, verstärken Sie die Angst. Geben Sie Ihrem Hund Zeit. So viel Zeit, wie er braucht, um weiter zu trainieren. In dem Beispiel mit dem Strohbund am Wegesrand gehen Sie weiter. Zerren Sie ihren ängstlichen Freund keinesfalls an das Bund heran. Ihr Kommentar: „Das ist doch nur Stroh.“, hilft ihm nicht. Nehmen Sie ihn aus der angsteinflößenden Situation (welche auch immer das ist). Kommen Sie am nächsten Tag (am übernächsten Tag usw.) wieder und üben Sie weiter.

Angst verursacht Stress. Nehmen Sie die Angst aus der Situation, eliminieren Sie automatisch den Stress. Ihr Hund wird lernen, dass er keine Angst haben braucht, wenn Sie da sind. Mit Ihnen zusammen kann er seine Angst besiegen. Sie beschützen ihn. Dieser Vorgang kann, je nachdem wie ängstlich Ihre Fellnase ist, wirklich sehr lange dauern. Bleiben Sie gelassen, nehmen Sie sich Zeit und haben Sie Geduld. Freuen Sie sich über jeden Schritt, den Ihr Partner näher an das Strohbund herangeht. Als Belohnung darf er umdrehen und die Situation verlassen.

Das Gleiche gilt für hitzige Gemüter, die dazu neigen, alles und jeden anzubellen. Er darf genau so weit herangehen, wie er ruhig bleibt. Sowie Sie merken, dass er anfängt, sich aufzuregen oder zu bellen, drehen Sie wortlos und selbstbewusst um und marschieren in die entgegengesetzte Richtung. Nach ein paar Schritten starten Sie ein lustiges Spiel. Dann gehen Sie wieder zum Objekt der Aufregung. Ihre Fellnase lernt: Wenn ich ruhig bleibe, darf ich weitergehen. Wenn ich den Affen mache, komme ich nicht dorthin, wo ich hinwill. Wird er ruhiger, wird er merken, dass Sie die Angelegenheit regeln und nicht er. Ihm steht es nicht zu, das zu tun. Das ist Ihr Part. Sie stehen im Rudel an einer ranghöheren Stelle.

Ihr Hund und sein Rudel

Hunde sind Rudeltiere. Ihr Rudel gibt ihnen Sicherheit, Wärme, Futter und was er sonst zum Leben braucht. Er hat seinen Platz in der Rangordnung und verhält sich entsprechend. Würde er das nicht tun, wären ständige Rangeleien an der Tagesordnung. Er müsste ständig wachsam sein, ob Gefahr von außen droht, ob er genug Futter abbekommt, ob ihn ein anderes Rudelmitglied angreifen will oder wo er einen Unterschlupf für die Nacht findet. Er würde ständig unter Anspannung stehen sowie nie zur Ruhe kommen.

In genau der Situation kann sich Ihr Vierbeiner befinden. Dem muss nicht so sein, aber häufig haben Hunde mit Verhaltensauffälligkeiten Ihren Platz in der Familie noch nicht gefunden.

Sie und Ihre Familie sind sein Rudel. Ihre Aufgabe ist es, seine Bedürfnisse (Futter, Wärme, Sicherheit) zu gewährleisten. Sind Sie selbst unsicher, nervös, unentschlossen, inkonsequent oder ängstlich, kann Ihre Fellnase schnell zu dem Ergebnis kommen, dass Sie nicht der Rudelführer sind.

Das Alphatier im Wolfsrudel ist selbstsicher und führt die Gruppe mit Bedacht. Es muss nicht der körperlich stärkste Wolf der Gruppe sein. Oft ist es ein erfahrener Wolf mit seiner Partnerin, der weiß, wo es Beute gibt und wie sie zu erlegen ist. Er hält Eindringlinge fern und kennt sichere Lagerplätze. Von seinen Fähigkeiten profitiert das ganze Rudel. Er entscheidet je nach Situation, was gejagt wird und wann die Jagd beginnt. Die Rudelmitglieder respektieren seine Entscheidungen, weil sie wissen, dass sie zum Erfolg führen. Der Alphawolf ist kein Tyrann, der seine „Untergeben" ständig unterwirft oder drangsaliert. Das wäre viel zu aufwändig.

Seien Sie Ihrem Vierbeiner ein gutes Alphatier. Sie müssen dazu nicht den absoluten, dominanten Herrscher geben, das ist nicht notwendig. Sie müssen Ihren Hund nicht auf den Rücken drehen und auf den Boden drücken, um Ihre Überlegenheit zu beweisen. Es ist ein weit verbreiteter Mythos, dass der ranghöhere Wolf das mit einem

rangniederen Wolf tut. Das ist schlicht und einfach falsch und das Schlimmste, was Sie mit Ihrem Hund machen können. Der rangniedere Wolf zeigt seine Unterlegenheit unter anderem, indem er sich auf den Rücken wirft. Das ist richtig, aber er legt sich selbst hin und wird nie vom ranghöheren Tier umgeworfen. Der Ranghöhere bestimmt dann allerdings, wann er sich wieder erheben darf.

Es genügt, wenn Sie selbstsicher und gelassen auftreten. Treffen Sie souverän alle Entscheidungen, die das Zusammenleben mit Ihrer Fellnase betreffen. Dann wird er sich gern nach Ihnen richten. Damit nehmen Sie ihm den Druck, dass er entscheiden muss.

Ist Ihr vierbeiniger Partner eher ängstlich oder nervös, gewinnt er mit dem richtigen Rudelführer an Sicherheit und Ruhe.

Bei einem verhaltensauffälligen Hund ist es günstig, wenn er eine Hauptbezugsperson hat. Natürlich darf auch der Rest der Familie mit ihm spielen oder kuscheln, aber Sie füllen den Futternapf, greifen zu den Gassizeiten nach der Leine und üben mit ihm. Er wird schnell lernen, dass Sie für ihn wichtig sind und mehr auf Sie achten.

Merke:

- Ein Rudelführer ist intelligent und selbstsicher.
- Ein Rudelführer ist kein absoluter Herrscher.

Übungen für mehr Gelassenheit

Für mehr Gelassenheit pflegen Sie die Zweisamkeit mit Ihrer Fellnase. Nach dem gemeinsamen Spaziergang, einem Spiel oder wann immer Sie wollen setzen oder legen Sie sich einfach hin, zum Beispiel aufs Sofa, den Fußboden oder draußen im Garten. Wichtig ist, dass Sie mit dem Hund allein und ungestört sind und Ruhe und Gelassenheit ausstrahlen. Draußen sollte der Bereich mit einem Zaun abgesichert sein.

Sie haben weiter nichts zu tun, als zu entspannen. Ihren Hund lassen Sie einfach Hund sein. Früher oder später wird sich die Ruhe auf Ihren Partner übertragen. Er wird kommen, Ihre Nähe suchen und sich ebenfalls setzen. Falls Ihre Fellnase Berührungsängste hat und lieber auf Abstand bleibt, respektieren Sie das. Setzt er sich am ersten Tag noch nicht, tut er das beim nächsten oder übernächsten Mal. Erzwingen Sie nichts, dann entspannt er sich nicht. Lassen Sie alles ganz von selbst geschehen. Sprechen Sie leise mit ihm, entspannen Sie alle Muskeln. Sie müssen Ihren Hund nicht streicheln. Wenn er Streicheleinheiten einfordert, tun Sie es. Lassen Sie Ihre Hand langsam und ruhig über sein Fell gleiten. Sie werden merken wie er mehr und mehr entspannt. Genießen Sie den Moment.

Ab einer bestimmten Phase der Ruhe wird sich Ihr Freund hinlegen. Manche Hunde legen sich auch gleich neben ihren Menschen. Das ist individuell verschieden. Fordert Ihre Fellnase keine Streicheleinheiten ein, beginnen Sie jetzt, wo er neben Ihnen liegt, langsam damit, ihn zu berühren. Empfindet er das als unangenehm, hören Sie sofort wieder auf. Dann ist er noch nicht soweit. Das ist nicht schlimm. Machen Sie morgen weiter.

Je nachdem wie aufgeregt oder nervös Ihr Vierbeiner ist, dauert es mehr oder weniger lange, bis er entspannt neben Ihnen liegt. Geben Sie ihm die Zeit, die er braucht. Sie müssen die Übung nicht an einem Tag schaffen. Sie müssen gar nichts, außer sich entspannen. Und wenn Ihr Freund erst in 4 Wochen neben Ihnen liegt, ist es in Ord-

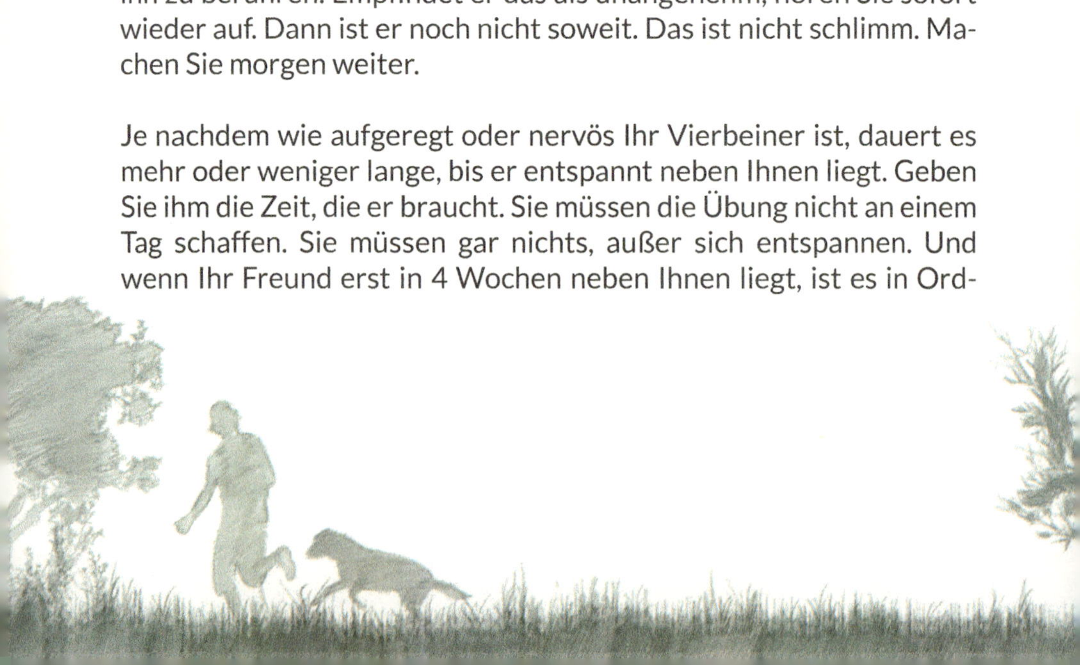

nung. Genießen Sie diese 4 Wochen der Entspannung. Verbannen Sie den Gedanken: ‚Nun komm doch schon endlich!' aus Ihrem Gehirn. Damit setzen Sie sich selbst unter Druck. Ihr Fellfreund merkt das und kann nicht entspannen. Lassen Sie die Ruhe einfach zu, einfach so.

Liegt Ihr Hund locker neben Ihnen und lässt sich anfassen, sagen Sie ein kurzes Wort, das Sie sich vorher überlegt haben. Es kann „Ruhig" oder „Locker" oder auf neudeutsch „Easy" sein. Wiederholen Sie dieses Wort mehrmals. Das machen Sie mehrere Tage hintereinander. Dann sollte Ihr Hund das Wort mit der entspannten Situation in Verbindung gebracht haben.

Beginnen Sie nun, in ganz normalen Alltagssituationen, ohne Aufregung, dieses Wort zu sagen. Kommt ihre Fellnase zu Ihnen und entspannt sich? Wunderbar. Sprechen Sie dann ruhig mit ihm und streicheln Sie ihn etwas. Mag Ihr Hund keinen Körperkontakt, berühren Sie ihn nicht. Beginnen Sie mit dem Wort, wenn Sie sehen, er liegt entspannt da. Später verwenden Sie das Wort, wenn Sie merken, er fängt an, sich aufzuregen. Es ist wichtig, dass Sie es gleich zu Anfang der Erregung einsetzen. Wenn er schon aufgedreht hat, ist es viel schwerer, die Erregung abzubrechen. Dann kreist das Cortisol durch seinen Körper und verhindert Entspannung.

Diese Entspannungsübung sollten Sie immer wieder machen, möglichst täglich. Genießen Sie die Zweisamkeit auch dann noch, wenn das Wort schon funktioniert.

Beim nächsten Spiel legen Sie sich entspannt auf den Boden. Ihre Fellnase wird das merkwürdig finden und näherkommen. Lassen Sie sich von ihm ausgiebig beschnüffeln. Ist es ein kleiner Hund, darf er auf Ihnen herumklettern. Ein schöner Abschluss ist es, wenn er sich neben, auf oder teilweise auf Sie legt. Viele Fellnasen legen sich auf den Boden und nur den Kopf auf Ihren Körper. Beim nächsten Mal ändern Sie Ihre Körperhaltung. Haben Sie bisher auf dem Rücken gelegen, legen Sie sich heute auf die Seite, morgen auf den Bauch oder Sie winkeln die Beine mal mehr, mal weniger an. Ändern Sie ebenfalls

Ihre Kleidung. Bekleiden Sie sich nur spärlich, nur mit Unterwäsche oder gar nicht, duschen Sie vorher, duschen Sie hinterher. Sie riechen jedes Mal anders, Ihr Vierbeiner lernt Sie besser kennen und sein Vertrauen wächst.

Neues Spiel: Sie haben ein Leckerchen in der geschlossenen Hand. Nehmen Sie anfangs einfaches Trockenfutter. Je hochwertiger das Leckerchen ist, umso schwerer wird die Übung. Von einfachem Futter wendet sich Ihr Fellfreund leichter ab, als von einem Stück Würstchen. Machen Sie es ihm so einfach wie möglich. Halten Sie die Hand so, dass er sie erreichen kann, die Hand bleibt fest geschlossen. Ihr Freund wird nun alles versuchen, um an das Goodie zu kommen. Zuerst wird er es wahrscheinlich mit der Schnauze versuchen. Wenn das nicht klappt, setzen die meisten Fellnasen ihre Pfoten oder Krallen ein. Bei hitzigen Gemütern kann jetzt das Stresslevel kurzzeitig in die Höhe schnellen, bei ängstlichen Typen kann sich leichter Frust zeigen. Ihre Hand bleibt trotzdem zu. Erst wenn Ihre Fellnase Sie anschaut, öffnen Sie Ihre Hand. Sie müssen gut aufpassen. Meistens ist es anfangs nur ein ganz, ganz kurzer, schneller Blick in Ihre Richtung. Nach Bruchteilen einer Sekunde kann alles vorbei sein. Er muss nicht einmal den Kopf drehen, ein Blick aus den Augenwinkeln reicht. Diesen kurzen Moment müssen Sie einfangen! Timing ist sehr wichtig für Ihren Vierbeiner. Hypnotisiert er schon wieder die Hand mit dem Leckerchen, ist es zu spät. Dann lernt er, dass er nur lange genug nerven muss, um zu bekommen, was er möchte.

Öffnet sich die Hand in dem Moment, in dem er Sie anschaut, lernt er: Obwohl ich mich aufrege, unsicher/frustriert bin, sollte ich auf meinen Menschenfreund achten. Es lohnt sich.

Für Experten: Das Spiel wird etwas schwieriger, wenn Sie in beiden Händen ein Leckerchen haben.

Für zwischendurch: Balancieren Sie gemeinsam über ein breites, auf dem Boden liegendes Brett.

Ein weiteres Spiel: Platzieren Sie zwei Stangen parallel zueinander auf dem Boden. Den Abstand wählen Sie so, dass Sie mit Ihrem Fellfreund bequem nebeneinander hindurchgehen können.

Noch ein Spiel: Legen Sie eine Leiter auf den Boden. Deponieren Sie in jeden Raum zwischen den Sprossen ein Leckerchen. Dann darf Ihre Schnüffelnase sich die Goodies aufsammeln. Nehmen Sie ihn an die Leine und gehen Sie ruhig an die Leiter. Er soll zwischen die Sprossen treten. Anfangs wird er losstürmen, hastig über die Leiter stolpern und viele Leckerchen übersehen. Lassen Sie ihn. Füllen Sie die gefressenen Leckerchen nach und versuchen Sie es erneut. Mit der Zeit wird er ruhiger. Achten Sie jetzt darauf, dass er in jeden Zwischenraum nur eine Pfote setzt.

Bei den letzten drei Spielen lernt er ganz nebenbei seinen Körper besser kennen und zu koordinieren. Auch das trägt zur Selbstfindung und Stressbewältigung bei. Rituale und Regeln erleichtern es Ihrer Fellnase, im Alltag gelassen zu bleiben. Feste Futterzeiten oder dass Sie den Beginn und das Ende eines Spiels bestimmen, sind nur einige davon.

Ab sofort hat Ihr Hund zwei Arten von Spielzeugen. Die eine Sorte liegt ständig herum und er darf damit jederzeit spielen, denn sie gehören ihm. Und dann gibt es noch die ganz tollen Spielies. Das sind die Spielies, die Sie verwalten und Ihnen gehören. Die holen Sie nur zu den Spielstunden heraus. Damit spielen Sie nur zusammen. Ist die Spielstunde vorbei, verstauen Sie die wertvollen Teile hundesicher.

Vermeiden Sie actiongeladene Spiele mit viel Bewegung. Sie regen Ihre Fellnase zu sehr auf. Sie müssen Ihrem Nachbarn auch nicht beweisen, wie wachsam Ihr Hund ist. Putschen Sie ihn nicht mit: „Wo ist die Katze?“ oder „Horch!“ zusätzlich auf. Denken Sie immer daran, dass ihr Freund ein wackeliges Nervenkostüm hat. Versuchen Sie Spiele, die Geschicklichkeit verlangen oder Suchspiele. Es genügt, wenn es einfache kleine Übungen sind, die Ihr Vierbeiner leicht bewältigen kann. Natürlich muss er zwischendurch laufen und toben dürfen. In den Trainingsstunden soll er über den Agility-Parcours flitzen und Bälle apportieren oder einfach über eine Wiese rennen.

Bringen Sie neben der notwendigen Bewegung so viel Ruhe wie möglich in den Alltag. Das geht am besten, wenn Sie selbst entspannt sind.

Vom Umgang mit sich selbst

Ihr Hund kann schneller laufen, besser hören und riechen als Sie. Er hat scharfe Krallen und spitze Zähne, mit denen er Knochen zerbeißen kann. Darin ist er Ihnen weit überlegen. Wenn Sie als Rudelführer punkten wollen, bleibt Ihnen nur eines: Nutzen Sie Ihr Gehirn. Beobachten Sie Ihren vierbeinigen Freund, beobachten Sie sich selbst und die Umwelt. Lernen Sie zu erkennen, wann und wieso Ihr Hund durchdreht:

- In welcher Situation dreht er durch? = Was ist der auslösende Reiz?
- Was verändert sich an seiner Körperhaltung kurz bevor er durchdreht?
- Was fühlen Sie dabei?
- Wie ist Ihre Körpersprache? Stellen Sie sich vor einen großen Spiegel und spielen Sie verschiedene Gemütszustände durch.
- Wie verhalten Sie sich?

Machen Sie sich über mehrere Tage Notizen zu den obigen Fragen. Achten Sie dabei auf Kleinigkeiten und seien Sie ehrlich zu sich selbst. Es ergibt sich oft ein Muster. Dinge, die Sie vorher nicht beachtet haben, fügen sich nun zusammen.

Sie sind engagiert beim Training. Ihr Gang ist aufrecht, offen, Ihre Muskeln sind leicht angespannt. Sie freuen sich. Bis Ihr Hund das „Sitz" mal wieder nicht macht. Dabei kann er es, nur hat er im Moment andere Dinge zu tun und hört ihnen nicht zu. Sie sind enttäuscht und Ihre Schultern rutschen nach unten, Ihr Gang, Ihre ganze Körperhaltung, werden schlaff und kraftlos. Sie fallen zusammen. Ihre Motivation ist weg. Sie verlieren den Mut. Jetzt wird Ihr Hund garantiert nicht auf Sie achten, denn Sie sind schlicht und einfach langweilig.

Das andere Extrem ergibt sich, wenn Sie wütend oder hysterisch werden. Alle Muskeln verkrampfen sich, Ihre Stimme wird tief und drohend oder hoch und kreischend. Hysterisches Gekreische ignoriert Ihr Hund, auf wütendes Gebrüll reagiert er eventuell unterwürfig und verängstigt oder gar nicht. Beide Seiten haben keinen Spaß am Training.

In einer solchen Situation gelassen zu bleiben, ist nicht einfach. Es erfordert einiges an Selbstbeherrschung. Bleiben Sie motiviert und ruhig. Machen Sie ein komisches Geräusch (grunzen, quieken), ein freundliches Gesicht, eine Hand- oder Armbewegung. Damit laden Sie Ihre Fellnase ein, Ihnen zuzuhören. Jetzt wird er sich setzen. Sie haben beide ein Erfolgserlebnis und gehen positiv aus dem Training. Schaffen Sie es noch nicht, Ihr inneres Gleichgewicht zu wahren, brechen Sie das Training ab. Machen Sie morgen oder übermorgen weiter.

Ein anderes Beispiel: Es klingelt. Sie springen aus Ihrem Sessel hoch und eilen aufgeregt zur Tür. Wer ist das und was will er? Ihr Hund registriert: ‚Da passiert etwas, mein Mensch ist aufgeregt. Da muss ich hinterher! Ich muss aufpassen, ich muss bellen!' Das machen Sie drei- oder viermal. Dann haben Sie den klassischen Türstürmer erzogen. Sie haben Ihrem Fellfreund mit Ihrem Verhalten und Ihrer Stimmung Gefahr und Nervosität signalisiert.

Sowie Sie das erkannt haben, können Sie gegensteuern. Ändern Sie Ihr Verhalten, dann wird auch Ihr Hund sein Verhalten ändern. Wenn es das nächste Mal klingelt, bleiben Sie noch einen Moment gelassen sitzen. Dann stehen Sie langsam auf und gehen ganz normal zur Tür. Es gibt keinen Grund, sich aufzuregen. Das wird auch Ihr Türstürmer erkennen. Sicherlich nicht beim ersten Mal. Je nachdem, wie sich das Verhalten bereits gefestigt hat, wird es mehr oder weniger lange dauern. Geben Sie ihm Zeit.

In allen Situationen, in denen sich Ihr Vierbeiner aufregt, nervös oder ängstlich wird, ist es an Ihnen, Sicherheit und Ruhe auszustrahlen. Sie sind der Fels in der Brandung für Ihren Hund.

Merke: Bleiben Sie stets gelassen, dann ist auch Ihr Hund ruhig.

Das ist nicht immer einfach. Zum Glück gibt es einige Entspannungsübungen, die Ihnen helfen, Ihr inneres Gleichgewicht zu finden. Sie können Sie zu jeder Zeit und an jedem Ort durchführen.

Lösen Sie sich von der Vorstellung, dass Ihr Hund perfekt sein muss. Das muss er nicht. Ihr Nachbar hat einen perfekten Hund? Wie schön, aber was hat das mit Ihnen zu tun?

Ihr Hund ist, wie er ist, ein einzigartiges Lebewesen. Er hat seine Stärken und seine Schwächen und deshalb lieben Sie ihn. Sie sollten ihn nicht komplett umkrempeln und zur Marionette machen. Beschränken Sie sich darauf, ihm die eine oder andere Macke abzugewöhnen. Das ist ein realistisches Ziel, das Sie erreichen können.

Setzen Sie Prioritäten: Welche Unart stört Sie am meisten?

Dann gehen Sie das Problem schrittweise an. Erwarten Sie nicht zu viel, weder von Ihrer Fellnase noch von sich selbst. Verhalten zu ändern, ist ein langwieriger Prozess. Beginnen Sie, indem Sie Ihr eigenes Verhalten ändern. Finden Sie Ihre innere Ruhe. Damit ebnen Sie den Weg für Ihren Vierbeiner. Dann gehen Sie gemeinsam auf der Straße zu Harmonie und Gelassenheit.

Fangen Sie damit an, dass Sie ausreichend schlafen. Ausgeschlafen sind Sie deutlich ruhiger und wesentlich weniger stressanfällig.

Meiden Sie negative Gedanken. Lösen Sie sich von allem, das Sie herunterzieht. Stellen Sie sich vor, Ihre viel zu hohe Stromrechnung (= negativer Gedanke) verwandelt sich in einen schwarzen Vogel. Diesen Vogel lassen Sie einfach fliegen. Schauen Sie zu, wie er zu den Wolken aufsteigt. Vielleicht kreist er noch einen Moment. Dann fliegt er in Richtung Horizont davon. Lassen Sie so viele Vögel fliegen, wie Sie wollen. Der ganze Schwarm kann am Horizont verschwinden.

Nicht immer reicht die Zeit für einen langen Spaziergang oder eine Joggingrunde, um herunterzufahren. Das ist auch nicht unbedingt notwendig. Ich zeige Ihnen einige kleine Entspannungsübungen, die Sie immer und überall machen können.

Achten Sie ganz gezielt auf Ihre Atmung. Sind Sie gelassen, atmen Sie ruhig und tief. Regen Sie sich auf, wird Ihre Atmung flach und schnell. Richtig atmen können Sie üben, es ist ganz leicht. Sie werden ausgeglichener und Ihr Körper entkrampft. Die Übung können Sie im Sitzen oder Liegen machen. Lassen Sie die Vögel davonfliegen und konzentrieren Sie sich auf Ihre Atmung. Schließen Sie die Augen. Atmen Sie 5 Sekunden durch die Nase ein und 5 Sekunden durch den Mund aus. Tun Sie das ganz bewusst. Sie werden merken, wie Sie immer entspannter werden.

Sehr schnell beruhigt sich Ihre Atmung, wenn Sie die Nasenwechselatmung probieren. Sie hilft auch sehr gut, falls Sie einmal nicht einschlafen können. Stützen Sie Ihre linke Hand mit Ihrem linken Zeigefinger auf der Nase ab und halten Sie sich mit dem linken Daumen das linke Nasenloch zu. Atmen Sie nun ausschließlich durch das rechte Nasenloch langsam ein und langsam wieder aus. Das tun Sie 20 bis 25 Mal, dann wechseln Sie. Stützen Sie Ihren rechten Zeigefinger auf der Nase ab und halten Sie sich mit Ihrem rechten Daumen das rechte Nasenloch zu. Jetzt wieder 20 bis 25 Mal ganz bewusst ein- und ausatmen. Das wiederholen Sie solange, bis Sie innerlich ruhig sind. Keine Angst, es dauert nicht lange.

Sind Ihre Muskeln verspannt, hilft die folgende Übung: Ob Sie dabei sitzen, stehen oder liegen, ist egal. Atmen Sie langsam, tief durch die Nase ein. Spannen Sie dabei jeden Muskel, auch den kleinsten, Ihres Körpers an. Ihr Körper ist von den Zehen über die Beine, das Gesäß, den Körper, die Arme, die Finger, den Hals, den Nacken bis zum Kopf angespannt. Vergessen Sie Ihr Gesicht nicht. Halten Sie die Spannung und die Atmung für ca. 10 Sekunden an. Dann lockern Sie sich und atmen dabei tief und lange aus. Wiederholen Sie den Vorgang, so oft es notwendig ist, meistens genügen zwei- bis dreimal.

Ist Ihr Körper entspannt, entspannt sich Ihre Atmung und innere Ruhe und Wärme können sich ausbreiten. Die Übung hilft auch im Winter, wenn Ihnen kalt ist. Durch die Anspannung der Muskeln erzeugt Ihr Körper Wärme, denn er wirft quasi die Heizung an.

Kleinere Verspannungen lösen Sie durch einfaches räkeln und strecken.

Manchmal hilft es, wenn Sie sich hinsetzen und aus dem Fenster schauen. Genießen Sie den Blick in die Ferne, vor allem wenn Sie einen Arbeitsplatz am Computer haben. Der Fernblick entspannt zuerst Ihre Augen. Ihre Atmung wird langsam und ruhig. Lassen Sie Ihre Gedanken auf die Reise gehen. Gedanken sind unendlich, deshalb ziehen sie davon. Schlechte Gedanken lassen Sie für immer gehen, die guten kommen zu Ihnen zurück. Sie bringen weitere gute Gedanken mit.

Merke: Ist Ihre Atmung entspannt, entspannen sich Ihr Körper, Ihre Muskeln und Ihre Gedanken. Innerer Frieden kann einziehen.

Sind Ihr Gehirn und Ihre Nerven in einer Sackgasse und nichts geht mehr? Der Stress bestimmt Ihr Leben? Sie sind in einem Hamsterrad gefangen? Dann machen Sie etwas völlig Verrücktes! Ganz wichtig: Es muss etwas sein, das Sie sonst nicht tun. Zum Beispiel laufen Sie rückwärts oder seitwärts, legen Sie sich auf den Rücken und strampeln mit den Beinen in der Luft. Das machen Sie für mindestens zwei Minuten täglich. Sie können auch ein Instrument oder eine fremde Sprache lernen. Durch die neuen Bewegungsmuster wird Ihr Gehirn aus der Bahn geworfen. Es muss die alten Pfade verlassen und neue Nervenbahnen anlegen. Es ist wie bei einem Gärtner. Wenn er neue Wege anlegt, hat er nicht mehr so viel Zeit, sich um die alten Wege zu kümmern. Wege, die nicht mehr begangen werden, verwildern und wachsen zu. Bald sind sie nicht mehr zu sehen und geraten in Vergessenheit. Es werden ausschließlich die neuen, schöneren Wege benutzt.

Für Ihr Gehirn bedeutet das, dass der Stress an Bedeutung verliert. Es orientiert sich nun an anderen Dingen, den neuen Bewegungen, dem Instrument, der fremden Sprache. Das ist Ihre Ausfahrt aus dem Hamsterrad. Dieser Prozess braucht einige Zeit, bis die Nervenbahnen neu verknüpft sind.

Im Gehirn Ihres Vierbeiners laufen ähnliche Vorgänge ab. Auch hier müssen, soll sich sein Verhalten ändern, neue Nervenbahnen geknüpft werden. Es ist sehr wichtig, dass Sie ihm dafür ausreichend Zeit geben. Üben Sie sich in Geduld. Genießen Sie die Zweisamkeit im Training und haben Sie Spaß auf dem Weg zum Ziel.

Mit Geduld geht alles besser

Mit der Geduld ist das so eine Sache. Einer hat sie, der andere nicht. Wenn Sie zur letzteren Kategorie gehören, müssen Sie nicht gleich den Mut verlieren. Geduldig sein können Sie lernen.

Wie geduldig Sie sind hängt, neben weiteren Faktoren, auch von der Tagesform ab.

Sie möchten zum Einkaufen fahren, anschließend haben Sie noch einen Arzttermin. Ihr Tag beginnt wie immer, Sie sind ausgeschlafen und fahren rechtzeitig los. Im Supermarkt füllen Sie Ihren Einkaufswagen und begeben sich zur Kasse. Es hat sich eine kleine Schlange gebildet, weil die Kassiererin den Scancode auf der Ware eines Kunden nicht finden kann und erst nachfragen muss. Sie nehmen es gelassen und fangen an, in der Zeitschrift zu blättern, die Sie im Einkaufswagen haben. Sie kommen trotz der kleinen Verzögerung noch pünktlich zum Arzt.

Ein anderer Tag: Auch heute wollen Sie einkaufen und danach zum Arzt. In der Nacht haben Sie schlecht geschlafen und Sie fühlen sich ausgelaugt. Auf der Gassirunde verschwindet Ihr Hund im Unterholz. Obwohl Sie ihn rufen, kommt er nicht zurück. 10 Minuten verstreichen. Sie sind inzwischen wütend auf den Hund, weil er gerade heute, wo Sie keine Zeit haben, weglaufen muss und werden nervös, weil es immer später wird. Endlich kommt der Racker zurück. Nun schnell nach Hause und los geht es. Sie sind immer noch wütend auf Ihren Vierbeiner und auf sich selbst, weil Sie ihn nicht an der Leine gelassen haben. Dann schnell in den Supermarkt. Ihren Einkaufszettel haben Sie in der Eile vergessen und deshalb packen Sie rasch irgendetwas in den Wagen und gehen zügig zur Kasse. Auch das noch, eine Schlange!

Eine ältere Dame hat Mühe, Ihr Geld aus der Geldbörse zu suchen. Beim nächsten Kunden fehlt der Scancode, wieder eine Verzögerung. Sie werden immer nervöser und hektischer, an Geduld ist nicht mehr zu denken. Als Sie endlich beim Arzt ankommen, ist es viel zu spät. Ihr Blutdruck ist zu hoch und die Blutwerte stimmen auch nicht.

Ungeduld führt dazu, dass Sie Fehler machen und kann Konflikte auslösen. Sie haben Ihren Einkaufszettel vergessen und Ihr Arzt und die Sprechstundenhilfe waren sicherlich nicht erfreut über Ihr Zuspätkommen. Auf der anderen Seite zeugen Ihre Ungeduld und Hektik davon, dass Ihnen der Termin wichtig war. Sie wollten ihn unbedingt einhalten. Wäre er Ihnen egal gewesen, wären Sie nicht ungeduldig geworden.

Merke: Ungeduld bringt Sie aus dem Gleichgewicht.

Ihre innere Ruhe ist weg, sie werden zunehmend unruhiger, hektischer und geraten in Stress.

Beobachten Sie sich selbst. In welchen Situationen werden Sie ungeduldig? Wie äußert sich die Ungeduld, was empfinden Sie dabei? Warum werden Sie heute ungeduldig und morgen unter den gleichen Umständen nicht? Notieren Sie wieder alles auf einem Zettel.

Sind Sie unruhig, fällt es Ihnen schwerer, Ihr Ziel zu erreichen. Sie setzen sich selbst unter Druck und treffen übereilte Entscheidungen. Das Gleiche trifft zu, wenn Sie Ihre Erwartungen zu hoch schrauben. Ihr vierbeiniger Begleiter wird sein Verhalten nicht in 2 Tagen ändern. Das dauert viel, viel länger. Es beschleunigt den Prozess des Umlernens auch nicht, wenn Sie einzelne Trainingsschritte auslassen oder voller Aufregung zu schnell vorgehen.

Setzen Sie sich kleine Ziele. Dann haben Sie rasch ein Erfolgserlebnis und Ihre Geduld wird nicht übermäßig strapaziert. Greifen wir das Beispiel mit dem Reh vom Anfang noch einmal auf. Das große Ziel ist, dass Sie Ihren Hund von einem weglaufenden Reh abrufen können. Dieses große Ziel unterteilen Sie in viele winzige, kleine Ziele.

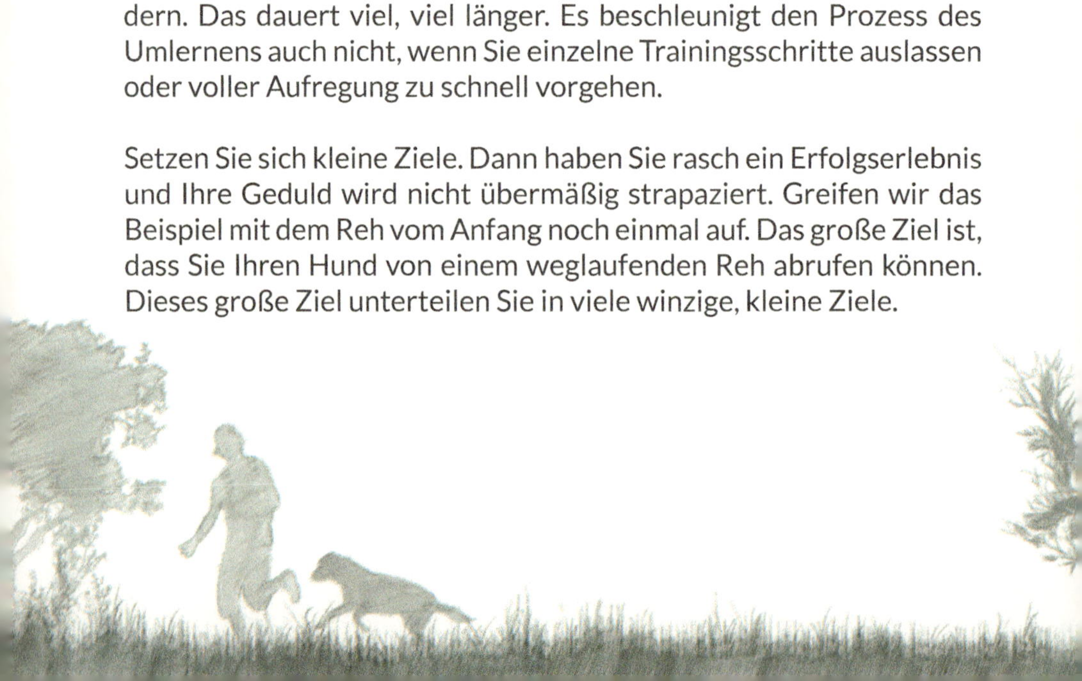

1. Der Rückruf soll Zuhause funktionieren, ohne Ablenkung, aus kurzer Distanz
2. Der Rückruf soll Zuhause funktionieren, ohne Ablenkung, aus weiter Distanz
3. Der Rückruf soll Zuhause funktionieren, mit etwas Ablenkung, aus kurzer Distanz
4. Der Rückruf soll Zuhause funktionieren, mit mehr Ablenkung, aus kurzer Distanz
5. Der Rückruf soll Zuhause funktionieren, mit wenig Ablenkung, aus weiter Distanz
6. Der Rückruf soll Zuhause funktionieren, mit viel Ablenkung, aus weiter Distanz
7. Der Rückruf soll auf dem Hundeplatz funktionieren, ohne Ablenkung, aus kurzer Distanz
8. Der Rückruf soll auf dem Hundeplatz funktionieren, ohne Ablenkung, aus weiter Distanz
9. Der Rückruf soll auf dem Hundeplatz funktionieren, mit etwas Ablenkung, aus kurzer Distanz
10. Der Rückruf soll auf dem Hundeplatz funktionieren, mit viel Ablenkung, aus kurzer Distanz
11. Der Rückruf soll auf dem Hundeplatz funktionieren, mit etwas Ablenkung, aus weiter Distanz
12. Der Rückruf soll auf dem Hundeplatz funktionieren, mit viel Ablenkung, aus weiter Distanz

Weitere Zwischenziele könnten die Hundewiese, Spaziergänge, dort wo kein Wild ist, im Gelände mit Wild, im Gelände mit stehendem Reh usw. sein.

Klappt das alles, dann und erst dann, beginnen Sie mit dem Training bei einem weglaufenden Reh.

Geduld haben heißt, im inneren Gleichgewicht zu sein. Sie fühlen sich gut, können klar denken und handeln. Es fällt Ihnen leicht, Entscheidungen zu treffen. Von Stress, Druck und Nervosität sind Sie weit entfernt. Behalten Sie das Hauptziel immer im Auge. Es hilft Ihnen durchzuhalten, wenn es scheinbar nicht oder nur im Schneckentempo vorwärtsgeht. Erfreuen Sie sich an dem, was Sie und Ihre Fellnase bis jetzt geschafft haben. Wie sah es zu Anfang aus? Welche Zwischenziele haben Sie beide bereits erreicht? Wenn Sie merken, dass Ihnen die Geduld gleich ausgeht, entspannen Sie sich. Beruhigen Sie bei Bedarf Ihren Atem oder entspannen Sie verkrampfte Muskeln. Machen Sie eine kleine Pause oder beenden Sie das Training für diesen Tag/diese Übungseinheit.

Sehen Sie die Dinge objektiv. Ihr Hund rennt nicht hinter dem Reh her, weil er Sie ärgern möchte. Er tut es, weil er ein Hund ist. Auch der nervöse Vierbeiner, der nicht zur Ruhe kommt, tut das nicht, um Sie zu nerven. Dem Jäger hat noch niemand in einer für ihn verständlichen Sprache mitgeteilt, dass sein Verhalten unerwünscht ist. Es hat ihm weiterhin niemand mitgeteilt, dass er es ändern kann und wie er es ändern kann. Der Nervensäge hat noch niemand gezeigt, wie er sich entspannen kann.

Versuchen Sie, sich in Ihren Vierbeiner hineinzuversetzen. Was fühlt er, wenn er nervt, ein Reh hetzt, an der Leine zerrt oder andere Hunde anpöbelt?

Einfühlungsvermögen und Verständnis entwickeln

Versuchen Sie, im Hier und Jetzt zu leben. Das hört sich einfach an, denn in unserer immer schneller werdenden, von Reizüberflutung geprägten Welt ist das schwierig.

Fangen Sie damit an, mehr auf Ihre eigenen Gefühle und Ihren Körper zu achten. Nehmen Sie ganz bewusst wahr, wann erste Anzeichen für aufkommenden Stress auftauchen. Wirken Sie dem mit Entspannungsübungen entgegen. Im Gegenzug genießen Sie freudige Momente und Glücksgefühle.

Das ist ein Lernprozess, der seine Zeit dauert. Nehmen Sie sich diese Zeit.

Ein Beispiel dazu: Sie müssen 5 Minuten auf Ihren Bus warten. Was tun Sie dann? Schnell das Handy aus der Tasche holen und die Mails checken, schauen was auf WhatsApp, Facebook, twitter und Co. los ist oder spielen Sie ein kleines Rätsel? Lassen Sie ihr Handy einmal in der Tasche und schauen Sie sich stattdessen die Bushaltestelle an. Wie ist sie gebaut? Aus welchem Material besteht sie, welche Farbe hat sie, welche Plakate kleben daran, sind die Plakate neu oder beschmiert usw. Nehmen Sie Ihre Umwelt bewusst wahr, mit allen Sinnen. Wonach riecht es, was hören Sie? Dabei ist es egal, ob Ihnen das Plakat für die neuen Schuhe gefällt oder nicht. Betrachten Sie es, ohne es zu bewerten.

Zu Anfang werden Ihre Gedanken schnell abschweifen. Das ist nicht schlimm. Üben Sie einfach weiter. Dehnen Sie die Übungen aus. Sehen Sie, wie schön die Lilie in Ihrem Vorgarten blüht? Schauen Sie sich die einzelnen Blütenblätter genau an, den filigranen Bau der Blüte. Nehmen Sie den feinen Duft wahr. Das Gras ist nach dem Regen vorgestern gewachsen. Vermeiden Sie den Gedanken: ‚Oh nein, ich muss schon wieder den Rasen mähen.' Stellen Sie nur wertungsfrei fest, dass das Gras gewachsen ist.

Ihr Hund kommt und begrüßt Sie freudig. Was fällt Ihnen an ihm auf? Sein seidiges Fell, die Ohren, die beim Laufen lustig wippen, sein lächelndes Gesicht, die strahlenden Augen? Was lieben Sie besonders an ihm? Im Moment freut er sich. Seien Sie ganz bei ihm und teilen Sie seine Freude. Gehen Sie zusammen ins Haus oder in die Wohnung. Knien Sie sich hin und krabbeln Sie wie ein Kleinkind durch die Räume. Sie haben jetzt ungefähr den Blickwinkel Ihrer Fellnase. Was sehen Sie? Wie hat sich die Umwelt verändert?

Machen Sie einen Spaziergang zusammen. Schauen Sie zu, was Ihr Partner mit den lustigen Ohren tut. Wo schnüffelt er, wann hebt er lauschend den Kopf? Was ist für ihn interessant? Wo hält er inne und wann läuft er ein Stück voraus?

Achten Sie darauf, wie er reagiert. Auch für einen Hund ist nicht jeder Tag gleich. Eventuell hat er heute die Spur eines Hasen gewittert. Er ist aufgeregt hin und hergelaufen, seine Nase war am Boden, sein Körper angespannt. Die Aufregung steckt noch in ihm, als Sie nach Hause kommen. Sonst legt er sich nach einem Spaziergang in sein Körbchen. Heute nicht, denn er ist noch zu aufgeregt. Er läuft herum und findet keine Ruhe. Helfen Sie ihm. Nehmen Sie sich Zeit und sprechen Sie beruhigend mit ihm. Wenn er es möchte, streicheln Sie ihn. Streicheln Sie ihn dort, wo er es am liebsten mag, mit langen, langsamen Bewegungen. Fühlen Sie seinen Körper und seine Muskeln unter Ihren Händen. Das Fell gleitet langsam durch Ihre Finger. Wie fühlt es sich an?

Wo sich Ihr Vierbeiner am liebsten streicheln lässt, wann er mit welchem Spielzeug spielen möchte usw. finden Sie durch genaues Beobachten heraus. Lassen Sie sich auf Ihren Partner ein. Eine ganz neue Art von Bindung wird sich einstellen. Eine Bindung, die auf gegenseitigem Verstehen und Vertrauen aufgebaut ist. Lassen Sie sie wachsen.

Damit haben Sie eine solide Basis geschaffen, um mit dem Training zur Impulskontrolle zu beginnen.

Das Spiel beginnt

4.

Nehmen Sie sich viel Zeit für jede Übungseinheit. Ihr Sensibelchen, der kleine Angsthase oder Ihr überdrehter Workaholiker brauchen eine Weile, um sich auf das Training einzustellen.

Ihr Trainingspartner merkt genau, dass jetzt etwas passieren soll. Unsichere Vierbeiner können noch unsicherer reagieren. Sie wissen nicht, was auf sie zukommt. Ihr Draufgänger kann die Zeit nicht abwarten, bis es endlich losgeht.

Bringen Sie so viel Ruhe ins Geschehen, wie möglich. Machen Sie vorher einige Entspannungsübungen und lassen Sie Ihren Fellfreund daran teilhaben. Während Sie Ihren Atem beruhigen, darf er neben Ihnen sitzen.

Streichen Sie die Worte Training, Schule, lernen oder üben aus Ihrem Gedächtnis. Ihnen haftet allen ein negativer Touch an. Ihr Gehirn kann mit negativen Emotionen und Bildern von Erfolgsdruck oder Zwängen reagieren. Und schon tauchen erste Anzeichen von Stress auf.

Sie trainieren nicht mit Ihrem Hund, Sie spielen zusammen lustige Spiele. Sie wollen eine entspannte Zeit zusammen verbringen und Spaß haben. Das ist alles, was zählt.

Konzentration und Ablenkung

Ziehen Sie sich in eine ruhige Ecke der Wohnung zurück. Sorgen Sie dafür, dass Sie nicht von anderen Familienmitgliedern oder weiteren Haustieren gestört werden. Sie sollten den Raum so belassen, wie ihr Hund ihn kennt. Verrücken Sie keine Möbel (Stühle). Das bringt Ihren Vierbeiner aus dem Gleichgewicht.

Ihrer Fellnase wird es gefallen, Sie ganz für sich allein zu haben. Er merkt, er ist wichtig für seinen Partner Mensch, also für Sie. Schon das allein löst einen Schwall an positiven Empfindungen in ihm aus.

Sein Fokus liegt ganz bei Ihnen und Ihr Fokus liegt beim Hund. Genießen Sie den Moment.

Gerade Hibbelhunden fällt es schwer, sich zu konzentrieren, denn sie sind schnell abgelenkt. Die ruhige, vertraute Umgebung hilft ihm, konzentriert zu bleiben. Sie können sich auch besser auf Ihre Bastelarbeit konzentrieren, wenn Sie ungestört sind. Schwieriger wird es, wenn Ihre Kinder oder Enkel um Sie herumtoben.

Halten Sie die Einheiten kurz. Sich zu konzentrieren, ist anstrengend, vor allem für Anfänger. Erkennen Sie erste Anzeichen von Müdigkeit oder Konzentrationsmangel, brechen Sie das Spiel ab. Spielen Sie später oder am nächsten Tag weiter. Vermeiden Sie, dass sich Ihr Fellfreund überfordert fühlt. Das passiert bei nervösen Hunden schnell. Einem arbeitseifrigen Border Collie, Terrier oder Malinois dagegen müssen Sie sagen, wann er müde ist. Sie sind derart versessen bei der Arbeit, dass sie es selbst nicht merken. Hier ist viel Einfühlungsvermögen von Ihnen gefragt, um den richtigen Zeitpunkt zu erwischen.

Anzeichen von Müdigkeit können sein:

- Hund interessiert sich für andere Dinge
- Schaut zur Seite oder vermeidet Augenkontakt
- Leckt sich die Schnauze
- Wälzt sich
- Kratzt sich
- Dreht total auf oder wird nervös

Die Anzeichen sind individuell verschieden. Da Sie Ihren Hund inzwischen sehr gut kennen, werden Sie schnell merken, wenn er Ihnen sagt, dass er eine Pause braucht.

Dass ein Hund aufdreht, wenn er müde wird und eigentlich keine Lust mehr hat, scheint unlogisch zu sein. Tatsächlich tritt dieser Fall häufiger auf, als Sie vielleicht denken. Das passiert dann, wenn der Hund überfordert ist. Er gerät in Stress und versucht, diesen Stress durch Aktivität abzubauen. Vor allem übereifrige Arbeitstiere oder hochsensible Fellnasen neigen dazu.

Gehört Ihr Fellfreund dazu, braucht er unbedingt Ruhe. Viele Hundebesitzer erkennen das nicht und machen einen gravierenden Fehler. Sie schlussfolgern, dass Ihr Vierbeiner noch nicht ausgelastet ist und noch weiter gefordert werden muss. (Damit er endlich Ruhe gibt!) Das ist schlichtweg falsch und das Schlimmste, dass Sie tun können. Damit überfordern Sie Ihren Hund zusätzlich. Beim nächsten Spiel dreht er noch mehr auf und wird noch nervöser, weil er weiß, dass er den Anforderungen nicht gewachsen ist.

Im Laufe der Zeit werden Sie feststellen, dass sich Ihr Partner besser und länger konzentrieren kann. Wie lange das dauert? Das dauert genau so lange, wie Ihr Fellfreund dazu braucht. Viel wichtiger ist die Frage, ob Sie beide dabei Spaß haben.

Zu Beginn sollten nur Sie, als Hauptbezugsperson, mit Ihrer Schüffelnase spielen. Das ist für ihn einfacher und eindeutiger. Dann kann er sich auf Ihre Körpersprache, Stimme usw. konzentrieren. Eine andere Person macht die Gesten geringfügig anders, hat eine andere Stimmlage oder ein anderes Timing. Das bringt Unruhe ins Spiel und verwirrt unnötig.

Sie sind der Mittelpunkt

Bei den Spielen und auch im normalen Alltag sollten Sie der Mittelpunkt des Geschehens für Ihren Hund sein. Es ist wichtig, dass Ihr Fellfreund auf Sie achtet. Andernfalls können Sie nicht mit ihm kommunizieren und ohne Kommunikation funktionieren die Spiele nicht.

Sind Sie mit Ihrem Hund allein im Raum, ist es einfach. Schwieriger wird es, wenn es andere, eventuell interessantere Dinge gibt. Ihr Fellfreund wird sich immer dem zuwenden, was ihm den meisten Spaß verspricht, also was am spannendsten ist.

Das tun Sie auch. Nach welchen Kriterien wählen Sie das abendliche Fernsehprogramm oder den nächsten Ausflug aus?

Schnell kann sich Ihr Hund dazu entscheiden, dass ein Mauseloch anziehender ist als Sie.

Weiß Ihr Schlaumeier, dass ihn bei Ihnen etwas noch Besseres erwartet, wird er sich Ihnen auf Ruf zuwenden. Hat er die Erfahrung gemacht, dass Sie mit ihm spannende Dinge unternehmen und er eine angemessene Belohnung erwarten kann, wird er reagieren.

Ist Ihr Freund noch nicht so weit, weil Sie erst mit der Reise begonnen haben? Dann helfen Sie ihm. Machen Sie sich wichtig und interessant. Wie ist egal. Hüpfen Sie auf einem Bein, springen Sie in die Luft, rennen Sie 3 Schritte nach rechts, dann 5 nach vorn, gehen Sie in die Hocke, kriechen Sie auf allen Vieren, machen Sie einen Handstand oder schlagen Sie ein Rad. Dabei kreischen, quietschen oder grunzen Sie. In den Augen Ihres Hundes schnellt Ihre Attraktivität jäh nach oben. Vergessen sind sämtliche Mauselöcher der Welt! Die merkwürdigen Blicke etwaiger Passanten ignorieren Sie. Sie sind unwichtig. Wichtig ist allein, dass Ihre Fellnase Sie ganz toll findet und begeistert um Sie herumwuselt.

Die Anforderungen langsam steigern

Da Ihr Fellfreund sehr sensibel reagiert, müssen Sie ihm mehr Zeit einräumen, als „normalen“ Hunden. Dann können Sie langsam Ablenkungen einfügen. Anfangs unwichtige Dinge: Ein Stuhl steht anders oder es liegt ein altes, langweiliges Spielzeug herum. Später kann sich eine zweite Person im Raum befinden oder Sie wechseln in einen anderen Raum. Im nächsten Schritt geht es nach draußen in den Garten, später spielen Sie ab und zu auf Ihren Spaziergängen. Machen Sie es Ihrem Partner so einfach wie möglich. Fehler, die er erst gar nicht macht, brauchen Sie nicht zu korrigieren. Es kommt kein Frust auf, weil etwas nicht geklappt hat.

Ihr Hund bestimmt das Tempo

Gehen Sie in winzig kleinen Schritten vor. Erst, wenn Ihr Fellfreund einen Schritt verstanden hat, gehen Sie zum nächsten über. Überstürzen Sie nichts, denn Sie haben alle Zeit der Welt.

Bevor Sie beginnen, überlegen Sie sich, welches Verhalten Sie fördern möchten. Was soll Ihr Fellfreund machen? Dann setzen Sie Zwischenziele.

Ein Beispiel: Sie möchten Ihren Hund in sein Körbchen schicken und er soll dort liegen bleiben. Das ist eine relativ komplexe Aufgabe. Zunächst muss er sich in Richtung Körbchen in Bewegung setzen, dann sich hinlegen und anschließend dort verweilen. Und er soll dort allein liegen bleiben, ohne dass Sie danebenstehen. Er soll warten, bis Sie ihm erlauben, wieder aufzustehen.

Fangen Sie damit an, ihm zu erklären, was ein Körbchen überhaupt ist. Gehen Sie zusammen dorthin. Sagen Sie immer wieder das Wort „Körbchen". Schauen Sie sich das Teil gemeinsam an und berühren Sie es. Legen Sie einige Leckereien darauf. Machen Sie dieses, genau dieses, Körbchen attraktiv.

In einem anderen Spiel zeigen Sie ihm, was das Wort „Platz" bedeutet. Für ihn ist das nur ein Laut und er weiß nicht, was Sie von ihm erwarten. Verstehen Sie „fsfvdsv rigdyvn"? So geht es Ihrem Hund. Hat er es verstanden, gehen Sie einen Schritt weiter. Jetzt wird es Zeit, das „Bleib" einzuführen.

Wiederholen Sie die einzelnen Schritte häufig. Es ist besser, wenn Sie mehrere kurze Einheiten über den Tag verteilen, als ein Marathon. Vor allem für unruhige, nervöse Hunde ist das eine sehr schwere Aufgabe. Es verlangt von ihnen eine große Portion Selbstkontrolle. Er schafft es nicht, auf Anhieb 5 oder 10 Minuten liegenzubleiben. 1 oder 2 Sekunden sind anfangs eine ganz tolle Leistung, die entsprechend gewürdigt werden muss.

Manchmal kommt es vor, dass ein Schritt, der schon gut geklappt hat, plötzlich nicht mehr funktioniert. Über Nacht scheint Ihre Fellnase die Bedeutung des Wortes „Platz“ vergessen zu haben. Es ergibt dann keinen Sinn, mit dem „Bleib“ weiterzumachen. Gehen Sie einen oder zwei Schritte zurück. Den meisten Hunden fällt es dann ganz schnell wieder ein.

Wenn Sie in einer Übung stecken bleiben und es absolut nicht weitergehen will, brechen Sie ab. Funktioniert auch die zehnte „Platz“-Aufforderung nicht, lassen Sie es für heute sein. Dann hat Ihr Vierbeiner „dichtgemacht“ und er kann sich nicht mehr konzentrieren.

Vielleicht haben Sie gehört, dass man immer mit einem Erfolgserlebnis aus dem Training gehen soll. Das ist auch generell richtig, nur im obigen Fall sinnlos. Sie verschlimmern die Situation, wenn Sie jetzt noch auf ein „Platz“ bestehen. Sie setzten Ihren Hund damit extrem unter Druck. Selbst wenn er das „Platz“ dann endlich irgendwie macht und dafür eine Belohnung bekommt, wird er mit einem negativen Gefühl aus der Übung gehen. Das kann sich auf die nächsten Spielstunden auswirken. Machen Sie lieber einen schönen, entspannten Spaziergang. Ihr Fellfreund wird dabei reflektieren und verarbeiten. Sie werden sehen, dass beim nächsten Spiel das „Platz“ auf Anhieb klappt.

Vertrauen Sie auf Ihr Bauchgefühl. Sie haben gelernt, Ihren Hund zu lesen. Er sagt Ihnen, was in ihm vorgeht. Hören Sie auf ihn.

Motivation

Warum um alles in der Welt sollte Ihr Fellfreund ins Körbchen gehen, sich dort hinlegen und geduldig liegen bleiben? Beim nächsten Spaziergang das spannende Mauseloch aufgeben oder den Hasen laufen lassen und zu Ihnen kommen? Weil Sie das gesagt haben?

Erinnern Sie sich noch an den Montagmorgen, an dem Sie um 5.00 Uhr aufstehen müssen? Warum tun Sie das? Weil der Wecker klingelt?

Nun gut, der klingelnde Wecker mag ein Grund sein, andernfalls würden Sie wahrscheinlich verschlafen. Warum verzichten Sie auf das Vergnügen des Weiterschlafens? Im Idealfall macht Ihnen Ihre Arbeit Spaß, Sie kommen unter Leute, aber mal ehrlich! Eigentlich doch nur, weil Sie am Monatsende Geld dafür bekommen. Das ist angenehm. Mit diesem Geld bestreiten Sie Ihren Lebensunterhalt, unternehmen interessante Sachen, finanzieren Ihr Hobby oder machen sich einen gemütlichen Feierabend. Es (be)lohnt sich also, wenn Sie aufstehen.

Genau so einen Grund müssen Sie ihrem Vierbeiner bieten, wenn er seine Vergnügungen sausen lassen soll, um mit Ihnen zu arbeiten. Es muss sich für ihn lohnen. Dann wird er mit Begeisterung kommen, mitspielen oder ins Körbchen gehen. Je stärker die Motivation, umso besser konzentriert er sich und umso leichter und schneller lernt er. Dann wird jede Trainingsstunde zu einem Spiel mit viel Spaß für Sie beide. Haben Sie Ihren Partner mit der Fellnase gut motiviert, sind Sie der Mittelpunkt seines Universums und alles andere wird zur Nebensache.

Motivation funktioniert über positive Verstärkung (Belohnung). Sie versprechen Leckerchen oder spannende Spiele oder was immer Ihr Fellfreund mag. Bauen Sie eine Erwartungshaltung auf. Was machen wir heute?

Aber wie funktioniert das eigentlich genau mit der Belohnung?

Belohnen, aber richtig

Sie wissen bereits, dass Sie das Verhalten Ihrer Fellnase beeinflussen können. Die richtige Belohnung ist ein wichtiges Werkzeug, das Ihnen hilft, Ihr Ziel zu erreichen.

Verhalten über positive Verstärkung beeinflussen

Verbindet Ihr Hund sein Verhalten mit einem positiven Gefühl/Ergebnis, wird er es öfter zeigen. Er verhält sich ergebnisorientiert. Moralische Begriffe, wie gut oder schlecht, kann er nicht unterschieden. Er bewertet sein Verhalten nach dem Ergebnis, das er damit erzielt. Ist er mit diesem zufrieden, also ist es für ihn angenehm, wird er es wiederholen. Führt ihn sein Verhalten nicht zum gewünschten Ergebnis, wird er es anpassen. Das macht er so lange, bis es für ihn stimmt und er bekommt, was er will.

Positive Verstärkung ist einfach. Finden Sie heraus, was Ihr Fellfreund wirklich möchte. Das kann ein Ballspiel sein, ein Zerrspiel, Futter, eine Radtour oder eine Kuschelstunde. Eine nervöse oder ängstliche Fellnase wünscht sich vielleicht nichts sehnlicher, als einen Ort, an dem er zur Ruhe kommen und entspannen kann und ihn niemand stört. Jetzt stellen Sie ihm genau das in Aussicht. Sowie er verstanden hat, wie er an sein Ballspiel oder seine Leckerchen kommt, wird er das von Ihnen gewünschte Verhalten zeigen.

Genau das bedeutet positive Verstärkung. Sie bestärken Ihren Hund in seinem Tun, indem Sie etwas Positives und etwas Angenehmes (das Ballspiel, Futter) zufügen.

Sie können ebenso etwas Negatives, etwas Unangenehmes entfernen, um Ihren Freund zu bestärken. Das wird als negative Bestärkung bezeichnet. Ihr Fellfreund geht ordentlich an lockerer Leine neben Ihnen. Sie sind auf einem wenig befahrenen Weg ohne weitere

Passanten unterwegs. Wegen seines korrekten Verhaltens leinen Sie Ihren Hund ab. Sie entfernen die einengende, lästige Leine. Das empfindet Ihre Fellnase als angenehm und erleichternd.

Primäre und sekundäre Verstärker helfen

Futter, ein Spiel oder Körperkontakt befriedigen direkt und ohne Umwege die Grundbedürfnisse Ihres Fellfreundes. Sie gelten als primäre Verstärker. Ihr Vierbeiner verbindet sie sofort mit seinem Verhalten.

Im Gegensatz dazu kündigen sekundäre Verstärker die Belohnung nur an. Ihr Hund muss erst lernen, was sie bedeuten. Er muss sein Verhalten mit dem sekundären Verstärker in Verbindung bringen und darauf konditioniert werden. Sekundäre Verstärker sind Klicker oder ein Markerwort. Ohne Konditionierung ist das Klickgeräusch für Ihren Fellfreund belangloses Hintergrundrauschen, auf das er nicht reagiert. Im Zuge der Konditionierung lernt er, dass dem Geräusch immer (wirklich immer!) eine Belohnung folgt. Das ist es, was den Klick für ihre Fellnase so attraktiv macht. Für Sie hat der Klicker einen ganz anderen Vorteil. Bei der positiven Bestärkung spielt das richtige Timing eine wichtige Rolle.

Timing

Damit Sie das gewünschte Verhalten erfolgreich verstärken können, haben Sie genau 0,5 bis 1

Sekunde Zeit. Sind Sie zu langsam, kann das fatale Folgen haben. Dann bringt Ihr Vierbeiner die Belohnung nicht mehr mit dem Verhalten in Zusammenhang, das Sie eigentlich belohnen wollten. Dann belohnen Sie etwas völlig anderes und wundern sich, warum die Übung nicht funktioniert.

Ein gutes Beispiel ist das allbekannte „Sitz“. Ihr Hund setzt sich brav. Sie suchen ein Leckerchen aus der Tasche. Bis Sie es gefunden haben und Ihrer Fellnase in die Schnauze schieben können, ist er längst wieder aufgestanden. Sie waren viel zu langsam.

Ihr Hund verbindet die Belohnung jetzt nicht mehr mit dem Hinsetzen. Für ihn steht fest, dass er die Belohnung dafür bekommt, aufgestanden zu sein. Das war das Letzte, was er vor der Bestätigung ausgeführt hat. Wollen Sie das „Sitz“ belohnen, müssen Sie das genau in dem Moment tun, in dem das Hinterteil Ihres Hundes den Boden berührt. Das ist gar nicht so einfach, wie es sich anhört. Sie müssen sich voll auf Ihren Vierbeiner konzentrieren, um den richtigen Moment abzupassen. Häufig ist es so, dass der Bodenkontakt nur für Sekundenbruchteile da ist.

Das Leckerchen schon in der Hand zu halten, bevor das Kommando „Sitz“ kommt, ist keine gute Idee. Dann achtet Ihr Freund nur auf Ihre Hand mit dem Goodie und konzentriert sich nicht.

Was also tun?

Klicker oder Markerwort

Hier kommt der Klicker ins Spiel. Mit dem Klicker bestätigen Sie punktgenau. Alternativ können Sie ein Markerwort verwenden. Ein Markerwort ist ein kurzes, knackiges Wort, das Sie anstelle des Klickgeräusches benutzen. Beliebt sind „Fein“, „Super“ oder „Spitze“.

Nach dem Klick oder Markerwort haben Sie Zeit, das Leckerchen herauszusuchen. Der Klick hat Ihrem Fellfreund gesagt, dass er es richtig gemacht hat. Klicken Sie, wenn das Hundehinterteil Bodenkontakt hat, weiß Ihr Freund, dass er die Belohnung für das Hinsetzen bekommt. Er versteht jetzt die Bedeutung des Wortes „Sitz“ = er soll sich setzen. Und vor allem weiß er, dass er eine Belohnung bekommt.

Merke: Der Klick oder das Wort sind nicht die Belohnung. Sie sind ein Versprechen, dem eine Belohnung folgt.

Diese Belohnung muss immer kommen. Immer! Auch dann, wenn Sie sich vertan und falsch geklickt haben. Andernfalls verliert der Klick schnell seine Bedeutung und wird wieder zum Hintergrundrauschen.

Das Konditionieren auf den Klicker ist denkbar einfach. Sie setzen sich bequem in Ihren Sessel. Neben sich haben Sie einen Teller mit Würstchen- oder Käsehappen. Die Happen dürfen nur so groß sein, dass Ihr Freund sie, ohne lange zu kauen, herunterschlucken kann. In der Hand haben Sie den Klicker, Ihr Hund sitzt, steht oder liegt vor Ihnen.

Klicken Sie und schieben Sie Ihrem verwunderten Hund ein Wurststückchen in die Schnauze. Klicken Sie noch einmal und wieder folgt sofort ein Würstchen. Das Spiel wiederholen Sie ungefähr 20 Mal. Dann ist Pause. Entweder Sie machen in einigen Stunden weiter oder am nächsten Tag. Nach zwei oder drei weiteren Einheiten sollte Ihr Fellfreund das Klickgeräusch super und toll finden. Sie klicken und er bekommt etwas Gutes. Er hat das Geräusch mit einer zu erwartenden Belohnung verknüpft.

Belohnung funktioniert am besten, wenn Sie Ihren Fellfreund mit dem belohnen, was er am liebsten

mag. Wenn das Futter ist, geben Sie ihm Leckerchen oder spielt er lieber, ist es ein Spiel.

Es kommt auch immer ein wenig auf die Übung und die Situation an, die Sie belohnen möchten. „Sitz“, „Platz“ oder „Bleib“ sollten Sie immer mit Leckerchen aufbauen. Ihr Fellfreund soll sitzen/liegen. Würden Sie ihn mit einem Ballspiel belohnen, müsste er aufstehen und das wäre kontraproduktiv. Das lustige Spiel gibt es am Ende der Übungseinheit.

Ganz anders sieht es aus, wenn Sie zur Hundewiese gehen. Ihr Hund setzt sich, damit Sie ihn in Ruhe ableinen können. Jetzt möchte er für das „Sitz“ kein Leckerchen, sondern als Belohnung schnell zu seinen Hundefreunden laufen.

Variabel belohnen

Fangen Sie mit einer neuen Übung an, muss die Belohnung hochwertig sein. Eine neue Übung zu lernen, ist für die meisten Hunde eine Herausforderung. Hier kommt das Lieblingsfutter oder das Lieblingsspielzeug zum Einsatz. Das steigert die Motivation. Ihr Vierbeiner wird versuchen, mit allen Mitteln an das Würstchen oder den Käse zu kommen. Das macht ihn offen für neue Erfahrungen.

Hat er verstanden, worum es geht, können Sie mit der Belohnung langsam herunterfahren. Dann wechseln Sie zu hochwertigen Leckerchen aus der Tüte, später zu normalen Leckerchen oder zu einfachem Trockenfutter.

Steigern Sie die Spannung, indem Sie ab und zu die Belohnung wechseln. Ihr Hund weiß dann nicht, was ihn erwartet. Gibt es gekochtes Ei, ein Ballspiel oder ein Leckerchen aus der Tüte? Oder machen wir ein Wettrennen? Er weiß nur, dass es sich auf jeden Fall lohnen wird, mitzumachen.

Klappt eine Übung schon gut, belohnen Sie nicht mehr jedes Mal. Dann gibt es nach jedem zweiten oder dritten richtig ausgeführten „Sitz" erst ein einfaches Leckerchen. So wird die Übung langsam alltagstauglich. Achten Sie darauf, dass Sie nicht in ein System verfallen. Belohnen Sie nicht grundsätzlich jedes zweite oder jedes dritte Mal. Das durchschaut Ihr Schlaumeier schnell und der Effekt der variablen Bestätigung, die Spannung, ist weg. Belohnen Sie nach dem Zufall: nach dem zweiten Mal, nach dem fünften Mal oder nach dem ersten Mal, dann nach dem dritten und dem zweiten Mal. So halten Sie die Motivation aufrecht, denn es ist stets eine Erwartungshaltung da. Dann weiß Ihr kleiner Schlaumeier nie, ob es etwas gibt oder nicht. Das ist für ihn so, als wenn Sie Lotto spielen. Sie wissen auch erst nach der Ziehung, ob und wie viel Sie gewonnen haben oder nicht.

Merke: Mit variabler Bestätigung steigern Sie Spannung und Motivation.

Hören Sie nie ganz mit der Bestätigung auf. Auch wenn ihr Vierbeiner das „Sitz" schon 5 Jahre lang beherrscht, braucht er ab und zu eine Belohnung dafür.

Viele Hundehalter belohnen nicht mehr, wenn Sie merken, dass Ihr Hund die Übung kann. Sie nehmen es als selbstverständlich, dass er sich nach Aufforderung setzt. Früher oder später gibt es für Sie dann eine böse Überraschung. Das „Sitz" funktioniert plötzlich nicht mehr. Warum? Ganz einfach: Es lohnt sich für den Hund nicht mehr. Warum sollte er sich hinsetzen? Er bekommt nichts mehr dafür, die Motivation und die Spannung sind weg, das positive Ergebnis für sein Verhalten ist nicht mehr da. Also arbeitet er nicht mehr mit.

Merke: Nie ganz mit der Bestätigung aufhören.

Angemessen belohnen

Für eine große Leistung muss auch eine riesengroße Belohnung folgen. Vielen Hunden fällt es schwer, sich ins „Platz“ zu legen. Hat Ihre Fellnase es endlich geschafft und Hinterteil, Bauch und Vorderbeine liegen platt auf dem Boden, reicht kein einfaches Leckerchen, auch kein Stück Würstchen. Da muss schon eine ganze Bockwurst her oder ein Berg Leckerchen. Den Jackpot gibt es natürlich nur beim ersten Mal. Im weiteren Verlauf bauen Sie das langsam ab. Solange die Übung noch nicht richtig gefestigt ist, muss die Belohnung sehr hochwertig sein.

Unterbricht Ihr Fellfreund ein unerwünschtes Verhalten, läuft er dem Hasen nicht hinterher, muss die Belohnung riesig sein. Sie muss besser sein als der Spaß, den er beim Hinterherjagen gehabt hätte.

Verbal belohnen

Freundliche, lobende Worte haben ebenfalls eine positive Wirkung. Auch sie vermitteln Ihrem Hund, dass sein Verhalten richtig war. Ob Ihre Fellnase jetzt Körperkontakt oder gestreichelt werden möchte, müssen Sie herausfinden. Beobachten Sie ihn. Genießt er die Streicheleinheiten? Ist sein Körper entspannt? Dann machen Sie weiter. Verhält er sich ablehnend, dreht sich weg oder ist verspannt, sollten Sie ihn nicht streicheln. Ein freundliches Gesicht und entspannte Körperhaltung bei Ihnen verstärken das angenehme Gefühl.

Merke: Die richtige Belohnung ist eines der Erfolgsrezepte guter Trainer.

Konsequenz

Konsequent sein heißt, Sie geben Ihrem Hund Sicherheit. Sie legen die Regeln fest, Sie setzen Grenzen. Regeln und Grenzen engen nicht ein. Im Gegenteil: Sie schaffen Freiraum.

Ein Hund, der auch ohne Leine bei Ihnen bleibt, braucht die einengende Leine nicht. Verschwindet Ihr Vierbeiner dagegen im Unterholz, muss er die lästige Leine tragen.

Ein Hund, der nicht wie ein Besessener zur Tür stürzt, wenn es läutet, braucht nicht ins Nebenzimmer verbannt zu werden. Er darf am Ort des Geschehens bleiben.

Gerade unruhige, ängstliche oder nervöse Vierbeiner profitieren von Konsequenz und Regeln. Sie wissen dann, woran sie sich orientieren können. Sie lernen, Ihnen besser zu vertrauen.

Darf Ihr Freund heute nicht auf das Sofa, darf er es morgen und übermorgen auch nicht. Er weiß und akzeptiert es. Durfte er gestern mit zum Kuscheln aufs Sofa, möchte er es heute wieder. Nun haben Sie gerade keine Lust und er darf es nicht. Das versteht Ihr Hund nicht. Morgen ist er unsicher und weiß nicht, wie er sich verhalten soll. Gerade wenn Ihr Hund schon Verhaltensprobleme hat, sollten Sie ihm das nicht antun.

Merke: Grenzen, die Sie setzten, müssen auf jeden Fall eingehalten werden. Ist das Sofa tabu, dann ist das Sofa tabu. Immer und bei allen Familienmitgliedern.

Konsequent sein heißt nicht, dass Sie Ihre Meinung bzw. Ihren Willen auf Biegen und Brechen immer und überall durchsetzen. Natürlich soll sich Ihre Fellnase auf Ihr „Sitz“ hin setzen. Tut er das auch nach wiederholter Aufforderung nicht, suchen Sie nach der Ursache. Eventuell ist er noch nicht so weit und hat das Kommando noch nicht richtig verstanden. Gehen Sie einen Schritt zurück und üben Sie wei-

ter. Er kann abgelenkt sein. Vielleicht sieht er auf der anderen Straßenseite seinen Hundekumpel laufen und möchte dorthin. Nehmen Sie ihn in dem Fall aus der Situation, gehen Sie um die nächste Ecke und lassen ihn dort sitzen. Möglicherweise ist er einfach überfordert und kann Ihrer Aufforderung nicht mehr nachkommen. Dann lassen Sie es für den Moment sein. Genauso, wie ein guter Kämpfer weiß, wann er sein Schwert nicht benutzt, weiß ein guter Trainer, wann er aufhören muss.

Etwas ganz anderes ist es, wenn sich Ihr Fellfreund nicht setzt, sondern sich ins „Platz" legt. Das dürfen Sie nicht tolerieren. Ihr Freund ist dann entweder einfach frech oder versucht, Sie leicht zu provozieren. Er hat auf Ihre Aufforderung reagiert, aber eben nicht so, wie Sie es wollten. Er hat Ihnen seine eigene Interpretation angeboten. Lassen Sie ihn aufstehen und versuchen Sie es erneut. Eventuell mit etwas Nachdruck in der Stimme.

Werden Sie hier „weich" und lassen ihn liegen, nach dem Motto: ‚Er hat was gemacht und es ist ja fast richtig. Lass ihn mal liegen.', geht es schief. Diese Inkonsequenz merkt sich Ihr Vierbeiner genau. Er wird es in Zukunft öfter versuchen und Ihre Aufforderungen erst nach seinen Vorstellungen umwandeln und schließlich ganz ignorieren. Bald wird er der Meinung sein, dass er der Rudelführer ist. Dann hat alles nach seinen Vorstellungen zu geschehen und er wird bald zum Tyrannen.

Aber Achtung! Es kann sein, dass das falsche Verhalten eine Übersprunghandlung ist. Dann möchte Ihnen Ihr Schützling mitteilen, dass er überfordert ist. Achten Sie auf seine Körpersprache. Schaut er Sie strahlend und freundlich lächelnd an, sehen Sie den Schalk in seinen Augen blitzen, dann ist er gut drauf und ein Lausejunge. Ist er mehr in sich gekehrt und wirkt abwesend, ist es wahrscheinlich am besten, die Übung abzubrechen. Hier ist Ihr Bauchgefühl gefragt.

Eine Belohnung gibt es nur, wenn die Übung oder der Zwischenschritt richtig gemacht wurden. Die kleinste Nachgiebigkeit von Ihrer Seite wird Ihre Fellnase gnadenlos ausnutzen.

Damit Ihr Hund das Verhalten zeigt, das Sie von ihm möchten, muss er Sie verstehen können. Er muss wissen, ob er sich hinsetzen oder hinlegen soll. Das müssen Sie ihm eindeutig signalisieren.

Stellen Sie sich einen Polizisten vor, der den Verkehr regelt. Nur wenn er Ihnen klare Zeichen gibt, wissen Sie, ob Sie weiterfahren oder anhalten sollen.

Wichtige Signale

Machen Sie es Ihrem Partner so einfach wie möglich. Verwenden Sie kurze, eindeutige Zeichen.

Hunde reagieren gut auf Sichtzeichen. Das sind Gesten oder Signale, die Sie mit Ihrer Körpersprache übermitteln. Dazu gibt es die Hörzeichen oder Stimmkommandos. Zu den bekanntesten Signalen gehören „Sitz", „Platz", „Fuß" oder „Bleib".

Schon wenn Sie eine neue Übung in Zwischenschritte aufteilen, sollten Sie sich die dazugehörenden Signale ausdenken. Wichtig ist, dass alle Familienangehörigen die gleichen Zeichen verwenden. Andernfalls verwirren Sie Ihren Hund. Er weiß dann nicht, was gemeint ist. Für die klassischen Übungen „Sitz" oder „Platz" haben sich im Laufe der Jahre Sicht- und Hörzeichen eingebürgert. Sie können sie verwenden, müssen es aber nicht. Zum Stimmsignal „Sitz" gehört als Sichtzeichen der erhobene Zeigefinger, ein „Platz" signalisieren Sie mit der flachen Hand, die Handfläche zeigt nach unten.

Merke: Für ein Verhalten/eine Übung immer die gleichen Signale verwenden.

Ihr Hund sollte beide Signale kennen. Sichtzeichen haben einige Vorteile. Sie entsprechen mehr der Kommunikationsweise von Hunden und Sie können sie noch einsetzen, wenn Ihr Hund außer Hörweite ist oder Sie aufgrund von Lärm nicht versteht. Bei vielen Hunden lässt das Gehör im Alter nach. Stimmkommandos nimmt er dann nicht mehr wahr. Über Sichtzeichen können Sie sich weiter mit ihm verständigen.

Welches Wort und welches Sichtzeichen Sie benutzen, ist vollkommen egal. Das Wort sollte kurz und knackig sein. Sie sollten es im Alltag nicht oder nur selten verwenden.

Erzählen Sie Ihrem Vierbeiner: „Nun setz dich mal schön hin, dann bist du ein lieber Junge.", wird er Sie freundlich anschauen und sich darüber freuen, dass Sie ihm Ihre Aufmerksamkeit schenken. Das war es dann auch. Kann er das Hörzeichen, genügt ein einfaches „Sitz“ und er wird sich setzen.

Ihr Vierbeiner muss die Bedeutung der Signale erst lernen. Er wird im Verlauf der Übungen die entsprechenden Signale mit dem gewünschten Verhalten in Verbindung bringen. Auch Sie mussten zuerst lernen, was die einzelnen Verkehrszeichen bedeuten. Erst dann konnten Sie Ihr Fahrverhalten danach ausrichten.

Geben Sie die Hörzeichen immer mit freundlicher Stimme. Sie müssen nicht brüllen, Ihr Hund hat ein ausgezeichnetes Gehör. Eine normale Lautstärke reicht völlig.

Auflösungssignal

Ihr Fellfreund weiß nun, dass er sich setzen soll. Nach dem Signal hat sein Hinterteil brav Bodenkontakt. Dieser hält jedoch meistens nicht sehr lange an. Kaum ist er unten angekommen, schwupp, schon steht er wieder.

Das ist nicht in Ihrem Interesse. Sie möchten, dass er sich setzt und sitzen bleibt. Das weiß aber Ihre Fellnase nicht. Er hat gelernt, er soll sich setzen. Das hat er gemacht und seine Belohnung dafür eingestrichen. Damit ist für ihn der Fall klar: Die Übung ist fertig und ich kann gehen.

Dass er länger sitzen bleiben soll, müssen Sie ihm sagen. Das muss er erst lernen. Das gehört für ihn nicht zum „Sitz“ dazu. Das ist eine völlig andere Übung (aus Hundesicht).

Damit Ihr Vierbeiner weiß, wie lange er sitzen oder liegen soll, müssen Sie ein Auflösungssignal einführen. Erst wenn Sie dieses Auflösungssignal geben, darf er aufstehen.

Merke: Zu jedem Signal gehört ein Auflösungssignal.

Vor allem jungen oder nervösen Hunden fällt es schwer, länger sitzen zu bleiben. Haben Sie Geduld und planen Sie hierfür viel Zeit ein.

Als Auflösungssignal wird gern „OK“ oder „Lauf“ verwendet.

Sowie der Hundehintern das nächste Mal auf dem Boden ankommt, kommt von Ihnen sofort das „OK“. Es ist wichtig, dass das Auflösungssignal kommt, bevor Ihre Fellnase von sich aus aufsteht. Steht er schon, ist es zu spät, denn dann kann er den Zusammenhang nicht mehr herstellen.

Nach einigen Wiederholungen geben Sie das „OK“ erst einen winzigen Moment später. Sekundenbruchteile genügen anfangs, daraus wird eine Sekunde, dann zwei, drei usw. Gehen Sie langsam vor. Klappt es nicht, verkürzen Sie die Zeit wieder. Das Auflösungssignal wird nicht bestätigt. Es belohnt sich von selbst. Hat Ihr Fellfreund es geschafft und ist 20 Sekunden lang sitzen geblieben, ist es für ihn die schönste Belohnung, wenn er jetzt aufstehen und loslaufen darf.

Praktische Übungen

Sie haben nun Ihren Vierbeiner besser kennengelernt und sich mit seiner Körpersprache auseinandergesetzt. Sie wissen, wie Sie zukünftig mit aufkommendem Stress umgehen. Jetzt wird es Zeit für einige praktische Übungen.

Der Kläffer

Alle Hunde bellen, eben weil sie Hunde sind. Einige Rassen zeigen dieses Verhalten häufiger als andere, dazu gehören zum Beispiel Spitze, Chihuahuas und Schäferhunde. Das sollten Sie sich vor Augen führen. Dem Hund wurde das Bellen vom Menschen angezüchtet. Wölfe bellen nicht. Die ersten Hunde wurden als Nutztiere gehalten und sollten Haus und Hof bewachen, Lasten ziehen oder tragen und bei der Jagd helfen. Ein Wachhund bellt, wenn er etwas Verdächtiges wahrnimmt, ein Jagdhund zeigt seinem Jäger durch die Laute an, wo er und das Wild sich gerade befinden. Einem Hund das Bellen generell abzugewöhnen, ist nicht möglich, denn es ist eine Form der Hundekommunikation.

Wenn Sie (oder Ihr Nachbar) der Meinung sind, dass Ihr Vierbeiner zu viel bellt, beobachten Sie ihn.

- Wann genau bellt er?

Bellt er, wenn Sie nach Hause kommen? Dann freut er sich, dass Sie wieder da sind.

Wenn ein Fremder am Gartenzaun steht? Nun ist er wachsam.

Wenn Sie Halsband und Leine vom Haken nehmen? Er ist ungeduldig, weil er sich auf den Spaziergang freut.

Wenn er allein ist? Dann fühlt er sich einsam und verlassen.

Bei ungewohnten Geräuschen? Das kann Wachsamkeit oder Angst sein.

Nachts? Wahrscheinlich ist es Angst.

In für ihn stressigen Situationen? Dann ist er überfordert.

Wenn er andere Hunde oder Menschen sieht? Das ist meistens ein Zeichen von Unsicherheit oder Überforderung.

Wie bellt er?

Hoch und begeistert? Dann freut er sich.

Quietschend? Er ist ungeduldig.

Alarmierend und laut? Er warnt vor etwas Unbekanntem.

Hoch und hysterisch? Er ist im Stress und/oder hat Angst.

Warum bellt er?

Freut er sich?

Zeigt er Stress oder Angst an?

Ist er gelangweilt?

Will er vor etwas warnen oder beschützen?

Bellt er, weil er gelernt hat, dass er damit Ihre Aufmerksamkeit auf sich zieht?

Bellt er, weil er Spielstunden, Futter usw. einfordert?

Dass Ihr Hund bellt, ist nicht grundsätzlich schlecht. Sie müssen sein Bellen nur in die richtigen Bahnen lenken. Fangen Sie an zu schimpfen oder laut zu werden, hat das nicht den gewünschten Effekt. Ihr Hund wird nicht ruhiger werden, im Gegenteil. Er glaubt, Sie bellen mit. Ihr lautes Geschimpfe feuert ihn noch mehr an, denn er fühlt sich in seinem Verhalten bestärkt.

Bleiben Sie auf jeden Fall ruhig wann immer Ihr Hund bellt. Sind Sie gelassen, wird sich Ihre Fellnase am schnellsten beruhigen. Ihre innere Ruhe überträgt sich auf ihn.

Bellen aus Freude

Er freut sich, weil Sie wieder da sind. Das ist prinzipiell toll, denn es beweist, dass er eine starke Bindung zu Ihnen hat. Seien Sie zufrieden. Zeigen Sie ihm, dass Sie auch glücklich sind. Wenn Sie wissen, dass er zu Bellattacken neigt, putschen Sie ihn nicht noch zusätzlich auf. Streicheln Sie ihn oder kraulen Sie ihn an den Stellen, an denen er es gern hat. Das wird ihn beruhigen und er wird das Bellen vergessen.

Wachsamkeit

Seien Sie froh, wenn Sie einen wachsamen Hund haben. Hunde haben schon viele Einbrecher erfolgreich in die Flucht geschlagen.

Ein kurzes Bellen oder Anschlagen ist völlig in Ordnung. Nur darf das nicht in ständiges Gebrüll ausarten, etwa weil Leute an Ihrem Zaun vorbeigehen. Genau das müssen Sie Ihrer Fellnase vermitteln. Lassen Sie ihn kurz bellen. Lenken Sie dann seine Aufmerksamkeit auf etwas Anderes, etwas für ihn Angenehmes. Sprechen Sie ihn in einem Moment an, in dem er eine kurze Pause macht und nicht bellt. Andernfalls bestärken Sie sein Verhalten. Sie müssen gut aufpassen und extrem schnell sein. Diese Bellpausen sind meistens sehr kurz. Erwischen Sie den richtigen Moment, loben Sie ihn für seine Wachsamkeit. Bis dahin hat er sich richtig verhalten.

Verwenden Sie zum Ansprechen immer das gleiche Wort, eventuell „Leise“ oder „Ruhig“. Zur Verstärkung des Wortsignals können Sie noch einen Arm heben. Es ist egal, was Sie machen, solange Sie damit die Aufmerksamkeit Ihres Vierbeiners gewinnen. Das ist vor allem zu

Beginn sehr wichtig. Er muss Sie, trotz seines Gebells, wahrnehmen. Schieben Sie ihm SOFORT danach ein Leckerchen in die Schnauze. Das Goodie sollte etwas größer ausfallen. Er kann ruhig einen Moment darauf kauen. Das Kauen beruhigt zusätzlich.

Damit er nicht wieder ins Bellen fällt, bieten Sie ihm ein Ersatzverhalten an. Das Angebot muss kommen, bevor er wieder laut wird, also am besten, während er noch kaut. Spielen Sie ein ruhiges Spiel oder lassen Sie ihn einige kleine Übungen machen, die er schon gut kann.

Hier fällt mir die Geschichte von Mirko ein, einem übertrieben wachsamen Schäferhund. Er rannte bei jedem, der am Grundstück vorbeiging oder mit dem Fahrrad vorbeifuhr, wild bellend zum Zaun. Sein Besitzer wollte ihm das abgewöhnen. Also passte er auf und rief Mirko das nächste Mal zurück. Mirko war gut erzogen und kam auch brav. Er kassierte begeistert seine Belohnung. Das ging ein paar Tage so weiter. Sein Menschenfreund fühlte sich schon auf der sicheren Seite und dachte, das Problem bald in den Griff zu bekommen. Nach einigen weiteren Tagen musste er zu seinem Erstaunen feststellen, dass das Bellen nicht weniger wurde, es wurde mehr! Mirko rannte noch öfter bellend zum Zaun als vorher. Was war passiert?

Ganz einfach: Der Mirko war ein ganz schlauer. Er hatte gelernt: Jedes Mal, wenn ich zum Zaun laufe und belle, ruft mich mein Freund und ich bekomme eine Belohnung. Das fand er natürlich toll. Um sich öfter eine Belohnung zu verdienen, rannte er immer häufiger bellend zum Zaun. Das tat er sogar, wenn keine Passanten da waren, denn damit brachte er die Belohnung nicht in Zusammenhang. Für ihn ging das neue Spiel so: Ich renne bellend zum Zaun, werde zurückgerufen und bekomme eine Belohnung. Er hatte nicht verstanden, dass ihm sein Mensch sagen wollte, er soll nicht bellen. Unbewusst hatte sein Mensch ihm ein Verhalten antrainiert und verstärkt, dass er eigentlich unterbinden wollte.

Was also tun? Die beste Möglichkeit war, ihn aus der Situation zu nehmen.

Beim nächsten Mal ging sein Mensch wortlos zum bellenden Mirko, leinte ihn an und ging bestimmt mit ihm vom Zaun weg. Belohnung gab es keine. Nach vielen Wiederholungen hatte Mirko begriffen, dass es keine gute Idee ist, grundlos Passanten anzubellen.

Überlegen Sie sich immer aus der Sicht Ihrer Fellnase, was genau Sie belohnen.

Bellen aus Unsicherheit, Angst oder Stress

Geben Sie Ihrer Fellnase Sicherheit. Zeigen Sie ihm durch Ihr Verhalten, dass es absolut keinen Grund gibt, Angst zu haben. Bleiben Sie ruhig und souverän. Arbeiten Sie daran, das Vertrauensverhältnis und die Bindung zu Ihrem Fellfreund zu verstärken.

Versuchen Sie, den Stressauslöser oder den Grund der Angst zu finden. Nehmen Sie den Stress weg und entfernen Sie den Angstauslöser, strahlen Sie Geborgenheit aus. Dann verschwindet das unkontrollierte Bellen mit der Zeit von allein.

Oft hilft es, wenn Sie Ihrem vierbeinigen Freund einen sicheren Platz anbieten. Das kann gern eine Box sein. Dort hat er Ruhe und Zeit, um sich zu beruhigen. Gewöhnen Sie ihn langsam daran. Er soll den Aufenthalt in der Box nicht als Strafe ansehen, sondern als sicheren Rückzugsort. Machen Sie es ihm so angenehm und bequem wie möglich. Er soll sich darin wohl und sicher fühlen.

Sie beginnen in einer ruhigen und entspannten Situation. Lassen Sie die Boxtür offen. Werfen Sie ein gutes Leckerchen (Trockenfleisch) hinein. Trockenfleisch oder ein Stück Pansen haben den Vorteil, dass Ihr Freund ein wenig länger darauf herumkaut. Ein Stück Würstchen oder Käse ist zu schnell verschlungen. Dabei vergisst er, dass er eigentlich nicht in der Box sein möchte. Zudem beruhigt es ihn, wenn er kaut. Lassen Sie Ihr Schleckermäulchen zuschauen, wie das Goodie in der Box verschwindet. Er wird es sich nicht entgehen lassen wollen und hinterhergehen. Es kann sein, dass er es sich herausangelt und draußen frisst. Das ist nicht schlimm, lassen Sie ihn. Ängstliche Typen brauchen etwas länger. Das wiederholen Sie mehrmals. Irgendwann (wann ist egal) wird er sein Goodie in der Box fressen. Eventuell sind erst nur Kopf und Vorderbeine in der Box, auch das ist egal. Lassen Sie ihm Zeit. Die Tür bleibt immer noch offen, sodass er die Box jederzeit verlassen kann. Die Box ist so groß, dass Ihre Fellnase ausgestreckt hineinpasst. Er soll sich nicht zusammenquetschen müssen. Darin liegen weiche Decken oder ein kuscheliges Bettchen und vielleicht ein oder zwei Spielzeuge.

Geht Ihr kleiner Angsthase komplett hinein und frisst ganz ruhig, können Sie anfangen, die Tür zu schließen. Erst nur für einen kurzen Augenblick, später für länger. Beim geringsten Anzeichen von Unruhe, Angst oder Stress darf er sofort wieder raus. Er soll den Aufenthalt in der Box als angenehm empfinden. Auf keinen Fall darf er sich eingesperrt fühlen. Das würde er als Strafe ansehen und die Box in Zukunft meiden. Je nachdem, wie ängstlich oder nervös Ihr Hund ist, kann das lange dauern. Haben Sie Geduld, dann lernt er es am schnellsten. Wenn Sie nervös werden und die Zeit nicht abwarten können, überträgt sich Ihre Nervosität noch zusätzlich auf Ihren sowieso schon ängstlichen Hund. Sie sind das steuernde Element in diesem System, Sie haben es in der Hand.

Lassen Sie ihn in seiner Box in Ruhe. Sprechen Sie ihn nicht an. Er soll lernen, dass dort seine Ruhezone ist. Vergessen Sie nicht, ihm jedes Mal, wenn Sie ihn in die Box schicken, ein Leckerchen zu geben. Anfangs müssen das noch richtig tolle Sachen sein, Kauknochen eignen sich gut. Damit ist er eine Zeit lang beschäftigt. (Sehr viel) später reicht ein einfaches Leckerchen.

Hat er sich nach der Bellerei wieder beruhigt, darf er raus. Machen Sie beim Herauslassen keinen großen Bahnhof, es gibt auch kein Leckerchen oder eine anderweitige Belohnung. Öffnen Sie die Tür ganz selbstverständlich und nebenbei. Kommentare wie: „Da ist er ja wieder!“ oder „Oh, wer kommt denn da?“ lassen das Stresslevel sofort wieder in die Höhe schießen. Das Herauslassen ist selbstbelohnend.

Ihr Vierbeiner darf wieder mitten im Geschehen sein. Würde eine Belohnung herausspringen, würde Ihr Freund ungeduldig darauf warten, dass die Tür aufgeht. Er könnte sich nicht entspannen.

Diesen Rückzugsort können Sie überallhin mitnehmen. Ihr nervöser Freund hat so unterwegs sein Zuhause immer mit dabei und kann in der fremden Umgebung zur Ruhe kommen.

Forderndes Bellen

Bellt Ihr kleiner Freund, weil Sie den Futternapf nicht schnell genug füllen oder weil er spielen will?

Er hat in der Vergangenheit gelernt, dass er durch Bellen Ihre Aufmerksamkeit auf sich zieht. Von jemandem beachtet zu werden, seine Aufmerksamkeit zu bekommen, ist angenehm. Das hat er sich gemerkt und richtet sein Verhalten danach aus.

Was tun Sie, wenn Sie den Futternapf füllen und Ihre Fellnase bellt und drängelt? Sie versuchen wahrscheinlich, ihn zu beschwichtigen. Sätze wie „Moment, ich bin gleich so weit." oder „Ja, ja, ich beeile mich ja schon." gehören dazu. Genau das möchte Ihre Fellnase. Sie sprechen mit ihm, Sie beachten ihn.

Das ist einer Kundin mit ihren zwei kleinen Mischlingen Mika und Joy passiert. Die beiden sind eigentlich ganz liebe Hunde, nur Joy ist ängstlich und nervös. Irgendwann fingen sie an zu nerven und es wurde immer schlimmer. Schon 10 Minuten vor der Futterzeit fingen beide ein Konzert aus hochfrequenten Belltönen an. Bis Frauchen dann aufstand und schnell das Futter in die Näpfe verteilte. Das Gleiche passierte, wenn es Zeit für den täglichen Spaziergang war.

In einem Gespräch analysierten wir das Dilemma. Dabei stellte sich heraus, dass genau die obige Szene ablief. Sowie das Konzert losging, bekamen beide die volle Aufmerksamkeit. Frauchen redete beruhigend auf sie ein, in der Hoffnung, das Gebell zu beenden. Es funktionierte nicht.

In diesem Fall gab es nur eine Lösung: Frauchen musste Ihr Verhalten ändern. Ab sofort wurden die Hunde beim kleinsten Bellen ignoriert. Auch, wenn sie noch so drängelten, Frauchen machte erst ihre Arbeit fertig und füllte dann wortlos und ohne Mika oder Joy anzuschauen die Futternäpfe. Es hat eine Weile gedauert, weil sich bei den beiden Schreihälsen das Verhalten schon gefestigt hatte, aber letztendlich kehrte Ruhe ein. Die Zwei erkannten, dass ihr Verhalten nicht mehr zum Erfolg führt. Verhalten, das nicht belohnt wird, verschwindet.

Was auch immer Ihre Fellnase durch sein Bellen einfordern will, ignorieren Sie ihn. Mit allem anderen verstärken Sie sein Tun.

Der Postboten- und Pizzalieferantenjäger

Mit dem Postboten oder anderen Lieferanten haben viele Hunde ein Problem. Dabei kommt er jeden, oder fast jeden, Tag.

Nun hat Ihre Fellnase das Problem nicht mit der Person des Postboten. Würde er kommen wie normaler Besuch – er klingelt, Sie öffnen, er kommt rein und hält sich eine Weile in der Wohnung auf –, würde sich Ihr Vierbeiner benehmen wie bei anderen Besuchern. Warum also jeden Tag das Theater, wenn er die Briefe in den Kasten oder durch den Türschlitz wirft?

Ihr Hund sieht darin eine Verletzung seines Reviers. Der Postbote dringt ungefragt in die heiligen Hallen Ihrer Fellnase ein. Ja, aber das tun andere, normale, Besucher doch auch?! Sicher, aber die bitten Sie herein. Besucher heißen Sie willkommen. Sie erlauben ihnen, einzutreten. Das heißt für Ihren vierbeinigen Freund: Alles ist in Ordnung, es ist ok, wenn dieser Mensch sich hier aufhält. Davon abgesehen, haben Besucher immer etwas Leckeres für die Fellnase in der Tasche oder er bekommt Aufmerksamkeit und Streicheleinheiten. Jemand, der nur kommt, um gleich wieder zu gehen, ist sehr verwirrend für einen Hund. Unsichere und ängstliche Exemplare bellen jetzt zur Vorsicht. Nach dem Motto: Angriff ist die beste Verteidigung und vielleicht lässt er sich ja einschüchtern und geht wieder.

Bei einem Hund mit ausgeprägter Wachsamkeit oder Beschützerinstinkt fangen die Alarmsirenen im Kopf an zu schrillen. Sie bellen, um den Eindringling zu warnen: Komm ja nicht näher! Und um ihn zu vertreiben. Und es klappt. Der Postbote geht tatsächlich wieder. Nun ist Ihre Fellnase ganz stolz, dass er den Eindringling vertrieben hat. Sein Verhalten hat zum Erfolg geführt und er fühlt sich bestätigt.

Leider besitzt der Eindringling die Frechheit, am nächsten Tag wiederzukommen. Das kann Ihr Hund nicht auf sich sitzen lassen. Er bellt stärker und der Postbote verschwindet wieder. Mit der Zeit kann sich das Verhalten hochschaukeln. Ihr Hund fängt schon an zu bel-

len und durchzudrehen, wenn das Postauto in Ihre Straße einbiegt. Es kann so weit führen, dass er in rasende Wut gerät. Er fühlt sich herausgefordert. Ergibt sich die Gelegenheit, geht er einen Schritt weiter. Da das Bellen allein offensichtlich nicht genügt, setzt er seine Zähne ein. Eventuell verknüpft Ihr Vierbeiner seine Abneigung mit der Uniform. Das gelb-schwarz sticht ins Auge, der Mensch dahinter verschwindet.

Ich kannte eine Briefträgerin. Zu ihrer täglichen Tour gehörte ein Bauernhof. Der dazugehörige Hund brach bei ihrem Anblick in Uniform in Raserei aus. Einmal wurde sie sogar gebissen. Kam die gleiche Frau in normalen Sachen, als ganz normaler Besuch, war der Hund wie ausgewechselt. Er begrüßte sie freundlich und genoss die Streicheleinheiten.

Ganz schlimm wird es, wenn Ihr Postbote Angst vor Hunden hat. Ihr Hund kann das riechen und die Körpersprache des Postmannes deuten. Er fühlt sich dann erst recht überlegen und tut das lautstark kund.

Sie helfen Ihrem Hund, wenn Sie sich mit Ihrem Postboten öfter kurz unterhalten. Richten Sie es so ein, dass Ihr Hund es sieht, aber nicht unmittelbar dabei ist. Er könnte durch ein Fenster oder eine Terrassentür zuschauen. Dann merkt er, dass der Eindringling bei Ihnen willkommen ist. Nach mehreren Gesprächen und in Absprache mit dem Postboten holen Sie Ihren Fellfreund dazu. Lassen Sie ihn den freundlichen Postmann beschnüffeln und kennenlernen. Vielleicht holt er einige Leckerchen (die Sie ihm vorher gegeben haben) aus seiner Tasche.

Sie können auch versuchen, das Angriffsverhalten zu unterbrechen. Da es sich selbst belohnt (Postbote geht wieder), ist das sehr, sehr schwer. Am ehesten haben Sie Erfolg, wenn Sie Ihren Vierbeiner unterbrechen, bevor er anfängt zu bellen. Da er das Postauto oder auch das Postfahrrad wesentlich früher hört als Sie, haben Sie dazu kaum eine Chance. Falls Sie es schaffen, bieten Sie Ihrer Fellnase ein Ersatzverhalten an. Dann lernt er, dass er nicht zwingend bellen muss.

Er kann auch etwas anderes tun. Das ist für ihn die Ausfahrt aus dem Hamsterrad.

Fängt er an, den Affen zu machen, bleiben Sie ganz ruhig. Er wird versuchen zur Tür zu laufen, denn dort ist er dem Eindringling am nächsten. Verhindern Sie das. Lassen Sie ihn erst gar nicht in den Flur. Stellen Sie sich vor die Tür. Sie sind groß, breit, stehen aufrecht und souverän. Ihre Arme hängen locker an den Seiten herunter. Plustern Sie sich ruhig ein wenig auf. Vermitteln Sie Ruhe und Gelassenheit.

Verstärkend können Sie einen Arm nach vorn anwinkeln. Stellen Sie die Hand senkrecht nach oben, die Handfläche zeigt abwehrend nach außen. Damit signalisieren Sie Ihrem Hund ein eindeutiges „Halt, hier geht es nicht weiter!“ Schimpfen Sie nicht, werden Sie nicht laut. Umso lauter wird Ihre Fellnase.

Sagen Sie gar nichts. Mit Ihrem Verhalten vermitteln Sie, dass Sie derjenige sind, der entscheidet. Sie regeln, wer auf das Grundstück darf und wer nicht. Nehmen Sie Ihrem vierbeinigen Freund diese Entscheidung ab. Wahrscheinlich wird er ihnen dankbar sein. Sie nehmen eine Last von ihm, der er nicht gewachsen war. Der Eindringling kam immer wieder, denn er hat es nicht geschafft, ihn endgültig zu vertreiben. Stellen Sie sich dazwischen und geben Sie ihm Sicherheit.

Je nachdem, wie lange das Verhalten schon bestanden hat, dauert es mehr oder weniger lange, bis Ihr Fellfreund das realisiert.

Der Briefträger wird inzwischen wieder weg sein. Machen Sie das Gleiche morgen, übermorgen usw. wieder. Haben Sie Geduld. Nach einigen Tagen werden Sie feststellen, dass Ihre Fellnase etwas ruhiger wird. Hat er sich soweit beruhigt, dass er Ihnen zuhören kann, sprechen Sie ihn an. Bieten Sie ihm ein Alternativverhalten an. Er kann in seine Box oder sein Körbchen gehen. Lassen Sie ihn einige Übungen, die gut klappen, machen. Das kann „Sitz“ sein oder Männchen machen oder andere kleine Tricks. Das bringt ihn auf andere Gedanken, also weg vom Stress mit dem Eindringling.

Geben Sie ihm keine Leckerchen. Damit würden Sie das Durchdrehen belohnen. Nehmen Sie stattdessen mit Ihrer Ruhe den Stress aus der Situation.

Der Türklingelstürmer

Es klingelt. Ihr Hund stürzt wild bellend zur Tür. Er erreicht sie lange vor Ihnen und führt sich auf, wie ein Irrer.

Warum tut er das?

Aus drei Gründen:

1. Weil es sich lohnt.

2. Weil etwas Aufregendes passiert.

3. Weil er wachsam ist.

Egal, aus welchem der 3 Gründe Ihr Vierbeiner durchdreht, es springt auf jeden Fall etwas für ihn heraus. Ist es ein Besucher, ein Bekannter, hat er mit hoher Wahrscheinlichkeit Leckereien für die Fellnase in der Tasche; von den Streicheleinheiten und der Aufmerksamkeit ganz abgesehen.

Ihr Freund rast aus überschwänglicher Freude zur Tür. Er kann es kaum abwarten, bis Sie sie öffnen. Der davorstehende Mensch wird begeistert begrüßt. Ihre Fellnase springt an ihm hoch oder schlabbert ihn ab. Am liebsten fährt er dabei mit seiner Zunge quer über das Besuchergesicht. Von beidem wird Ihr Gast nicht unbedingt begeistert sein. Ist es ein großer Hund, muss er wahrscheinlich schleunigst Rückendeckung suchen. Sonst wird er womöglich umgerissen.

Ist Ihr Besuch ein absoluter Hundefan, wird er das und auch das Abschlecken eventuell tolerieren. Bei der Mehrzahl der Leute, die bei Ihnen vor der Tür stehen und derart begrüßt werden, wird sich die Begeisterung in Grenzen halten. Wenn Sie Pech haben, sind die teuren Designerklamotten verschmutzt oder gar zerrissen. Sie müssen die Reinigung oder ganz neue Kleidungsstücke bezahlen. Besonders empfindliche Gemüter stören bereits Hundehaare auf der Hose. Da-

bei weiß jeder Hundebesitzer, dass man erst mit ein paar Hundehaaren richtig angezogen ist.

Ist den ganzen Tag nichts Spannendes passiert, ist eine läutende Türglocke eine willkommene Abwechslung. Sie wird freudig angenommen. Bei Langeweile helfen kleine Intelligenz- oder Suchspiele. Verstecken Sie Leckerchen oder Spielzeuge in der Wohnung, die Ihre Fellnase dann suchen darf.

Beliebt ist das Suchspiel mit den drei Joghurtbechern. Unter einem befindet sich ein Käsehäppchen oder Ähnliches. Ihre Schnüffelnase soll den Becher finden, unter dem das Goodie liegt. Er soll diesen Becher mit der Nase anstupsen. Bevor es losgehen kann, muss Ihr kleiner Superschnüffler lernen, den Becher nur anzustupsen. Er soll ihn nicht umwerfen oder gar ungestüm alle Becher umreißen. Das Spiel geht so: Setzen Sie sich hin. In einer Hand haben Sie ein Leckerchen, in der anderen einen der Joghurtbecher. Halten Sie die Hände nicht allzu weit voneinander entfernt. Ihr Fellfreund wird natürlich an das Leckerchen heranwollen. Das geht aber nicht so einfach. Ihre Hand bleibt zu. Erst, wenn er die Hand mit dem Becher anstupst, bekommt er es. Das wiederholen Sie. Wechseln Sie dabei ab und zu die Hände. Hatten Sie das Goodie erst in der rechten Hand, nehmen Sie es jetzt in die linke und den Becher in die rechte. Klappt das sicher, stellen Sie den Becher auf den Boden. Das Leckerchen bleibt in Ihrer Hand. Auch jetzt muss Ihr Schnüffelprofi erst den Becher anstupsen, bevor er das Leckerchen bekommt. Zu guter Letzt legen Sie unter den auf dem Boden stehenden Becher ein langweiliges Leckerchen. Stellen Sie Ihren Fuß obendrauf, damit Ihre Fellnase ihn nicht umreißen kann. Auch jetzt bekommt er das Leckerchen erst, nachdem er den Becher vorsichtig angestupst, nicht umgeworfen, hat. Hat er das verstanden, nehmen Sie den Fuß vom Becher. Bleibt er beim Anstupsten stehen, fügen Sie zwei oder später auch mehr Becher, unter denen nichts liegt, dazu. Nun ist Nasenarbeit gefragt.

Es ist auch möglich, dass Ihr Fellfreund Ihr Verhalten imitiert. Sind Sie aufgeregt, wenn es klingelt, überträgt sich das auf ihn. Das ist vor allem bei sensiblen Vierbeinern der Fall.

Haben Sie Ihren Welpen immer mit zur Tür genommen? Natürlich wurde das süße Fellknäuel zuerst und überschwänglich begrüßt. Sie waren stolz auf Ihren kleinen Freund und haben es als richtig empfunden. Wer kann schon Ihrem Welpen widerstehen, ist er doch das niedlichste Geschöpf der Welt! Dass Sie bei der Begrüßungszeremonie übergangen wurden, ist Ihnen nicht aufgefallen. Der Zwerg hat alle Aufmerksamkeit bekommen. Wird der Kleine älter, ist er der Meinung, dass das so sein muss. Schließlich war es immer so. Er wird voller Vorfreude zur Tür stürmen.

Ein Wachhund betrachtet jeden Fremden als Eindringling. Es genügt schon, wenn er ein verdächtiges Geräusch wahrnimmt. Das kann draußen vor der Tür oder im Treppenhaus sein und er schlägt Alarm. Besitzt der Fremde dann noch die Frechheit und läutet, will also definitiv in sein Revier eindringen, ist es um seine Fassung geschehen. Das kann er auf keinen Fall zulassen.

Ist Ihre Fellnase besonders nervös oder ängstlich, kann sich das ebenfalls in verstärkter Wachsamkeit äußern. Er wird jedes Geräusch als unheimlich und bedrohlich empfinden und zur Vorsicht abwehrend reagieren.

Ihr Hund handelt seinen Erfahrungen entsprechend. Durch verschiedene Umstände, manchmal verstärkt durch seinen Charakter, hat er gelernt. Es ist für ihn normal, Besucher entweder stürmisch oder abwehrend zu begrüßen. Niemand hat ihm je etwas anderes gezeigt.

Sie müssen ihm deutlich machen, dass Sie dieses Verhalten nicht länger dulden, es ist ab sofort unerwünscht. Der Umlernprozess findet nicht nur beim Hund statt, Sie selbst sind ebenfalls betroffen. Auch Sie müssen Ihr Verhalten ändern, wenn Ihr Fellfreund seines ändern soll. Sie können nicht immer das Gleiche tun und ein anderes Ergebnis erwarten. Das funktioniert nicht.

Beginnen Sie mit dem Umlernen also bei sich selbst. Ab sofort bleiben Sie ruhig, wenn es läutet. Gehen Sie betont langsam zur Tür, denn es gibt keinen Grund, sich aufzuregen. Bringen Sie so viel Normalität

zum Ausdruck, wie möglich. Sie begrüßen den Gast als Erster. Ihre Fellnase muss warten. Ja, auch wenn er das süßeste Geschöpf auf Erden ist. Erst, wenn Sie es erlauben, darf Ihr Besucher den Hund begrüßen. Dann wird Ihr Fellfreund lernen, Gäste höflich zu empfangen.

Verhindern Sie nach Möglichkeit, dass Ihr Vierbeiner vor Ihnen an der Tür ist. Er soll respektvoll hinter Ihnen bleiben. Ob er dabei sitzt, liegt oder steht ist egal.

Sie müssen wieder schnell sein. Je früher Sie Ihren Türstürmer zurückrufen, umso leichter fällt es ihm, es zu tun. Ist er bereits an der Tür angekommen, ist sein Stresslevel wahrscheinlich so hoch, dass er Sie nicht mehr wahrnimmt. Alle seine Sinne sind auf die Tür gerichtet. Ihn jetzt anzusprechen, führt zu nichts.

Jetzt können Sie nur noch eines tun: Bremsen Sie ihn mit Ihrer Körpersprache aus. Bringen Sie sich zwischen Ihren Hund und die Tür. Gehen Sie so vor, wie unter „Postboten- und Pizzalieferantenjäger" beschrieben. Warten Sie, bis sich die Erregung gelegt hat und Ihr Hund Ihnen wieder zuhören kann. Haben Sie eine Distanz zwischen Ihrer Fellnase und der Tür geschaffen, lassen Sie ihn im „Sitz" oder „Platz" warten. Dann öffnen Sie die Tür. Ihr Fellfreund wartet, bis er mit Begrüßen an der Reihe ist.

Damit diese Szene klappt, müssen „Sitz" und „Platz" gut funktionieren. Bleibt Ihr Vierbeiner schon im normalen Alltag nicht sitzen, wird er es an der Tür mit Sicherheit nicht tun. Üben Sie erst mit weniger Ablenkung.

Konnten Sie Ihre Fellnase vor der Tür „einfangen", schicken Sie ihn hinter sich. Das bedeutet, dass er Sie nicht überholt, sondern sich hinter Ihnen aufhält.

Beginnen Sie diese Übung wie immer ohne Ablenkung. Sie haben ein gutes Leckerchen in der Hand. Lassen Sie Ihren stürmischen Freund daran schnüffeln. Führen Sie Ihre Hand nach hinten, hinter sich. Die daran klebende Hundenase mit dem Hundekörper wird ihr folgen. Jetzt darf er das Leckerchen fressen. Nach einigen Wiederholungen hat er das verstanden. Sie können als Signal „Hinter“ oder „Back“ verwenden.

Soll er hinter Ihnen bleiben wenn Sie vorwärtsgehen, üben Sie das an schmalen Durchgängen oder auf engen Wegen. Aus Platzmangel bleibt Ihrem Vierbeiner nichts weiter übrig, als hinter Ihnen zu bleiben. Im weiteren Verlauf suchen Sie sich Wege, die an einer Seite durch Mauern, Zäune oder Hecken begrenzt sind. Das hat den Vorteil, dass Sie nur auf einer Seite aufpassen müssen, dass Ihr Stürmer Sie nicht überholen will. Startet er einen Versuch, blockieren Sie ihn mit Ihrem Bein oder Arm.

Begnügen Sie sich anfangs mit zwei bis drei Schritten. Klappt das gut, werden vier, fünf, zehn oder zwanzig daraus.

Mit dem „Hinter" bringen Sie sich einfach und schnell zwischen Ihren Hund und die Tür. An der Tür angekommen, wartet Ihre Fellnase geduldig im „Sitz" oder „Platz". Das „Sitz" oder „Platz" verlangt in dieser Situation von Ihrem Hund viel Selbstkontrolle. Fällt ihm das schwer und er schafft es nicht, müssen Sie ihm helfen. Alternativ schicken Sie ihn seine Box oder sein Körbchen. Orientieren Sie sich an der Anleitung unter „Bellen aus Unsicherheit". Ins Körbchen schicken, bauen Sie ebenso auf. Sie verwenden statt der Box lediglich ein Körbchen/Bettchen. Hat sich die Aufregung bei Ihrem Fellfreund gelegt, darf er aus der Box oder dem Körbchen heraus und den Gast begrüßen.

Das hat auch Neele, eine Terrier-Mix-Hündin, gelernt. Ihr überschäumendes Temperament war schwer zu bändigen und oft stand sie sich selbst im Weg. Als Ihre Menschenfreundin mit dem Boxentraining anfing, war es der kleinen Maus überhaupt nicht geheuer. Es hat lange gedauert, bis sie Vertrauen gefasst hat und in dieses unheimliche Ding hineinging. Vor allem war es ein großer Unterschied für Neele, einfach so in die Box zu gehen oder dann, wenn es klingelte. Das war ein weiter Weg. In vielen kleinen Schritten und noch mehr Geduld und Konsequenz haben die beiden es geschafft. Inzwischen sitzt der Frechdachs beim ersten Ton der Türklingel in der Box, strahlt ihre Freundin an und wartet auf ihr Leckerchen. Sie findet die Box attraktiver als die Türklingel und ein klein wenig Gewohnheit ist auch dabei. Das neu erlernte Verhalten hat das alte abgelöst. Die Tür der Box bleibt offen, sie wartet, bis sie herausgerufen wird.

Es wird in der nächsten Zeit eine Weile dauern, bis Sie die Tür öffnen können. Sie müssen sich zuerst um Ihre Fellnase kümmern. Dann erst sind die Tür und der davor wartende Ankömmling dran. Es ist wichtig, dass Sie ruhig bleiben und sich ausreichend Zeit für Ihren Hund nehmen. Er soll lernen, gelassen zu bleiben. Das kann er nicht, wenn Sie versuchen, hektisch das Programm abzuspulen.

Informieren Sie Freunde und Familie, dass sie in Zukunft ein wenig Zeit vor der Tür verbringen werden. Zum Üben können Sie bestimmte Zeiten vereinbaren, zu denen sie klingeln. Dann können Sie sich vorbereiten. Wie häufig Sie jemanden läuten lassen, hängt von Ihrer Fellnase ab. Manche Vierbeiner lernen es schneller, wenn häufig geklingelt wird. Bei anderen löst häufiges Klingeln zu viel Stress aus. Sie sind dann überfordert. Das sollten Sie vermeiden, denn ein gestresster Hund kann nicht mehr lernen. Auch hier gilt wieder: Beobachten Sie Ihren Hund. Da Ihr Hund jetzt nicht mehr der Erste an der Tür ist, hat er keine Möglichkeit, Ihren Gast anzuspringen, abzuschlecken oder gar anzuknurren.

Der Leinenzieher

Es gibt Hunde, die ziehen nur an der Leine, wenn es einen konkreten Anlass dafür gibt. Das kann eine Katze sein, ein entgegen kommender Mensch, ein anderer Hund, ein verführerischer Duft, der ihm in die Nase steigt oder was auch immer.

Und dann gibt es die Exemplare, die ihren Menschen generell hinter sich her zerren. Dabei macht es keinen Unterschied, ob der Hund groß oder klein ist. Es gibt Yorkies oder Chihuahuas, die aus Überzeugung und mit wahrer Hingabe an der Leine ziehen. Für den dazugehörenden Menschen macht es schon einen Unterschied, ob er einen Yorkie oder einen Golden Retriever festhalten muss. Wahrscheinlich sieht man deshalb wesentlich mehr kleine Hunde, die Probleme mit der Leine haben. Bei den Großen unternimmt der Besitzer aus gutem Grund meistens rechtzeitig geeignete Schritte. Dann entwickelt sich erst gar kein Leinenzieher.

Eventuell zieht Ihr Fellfreund an der Leine, weil er nicht weiß, dass es auch anders geht. Vielleicht hat es ihm noch niemand gesagt, dass er das nicht tun soll. Er hat es bis jetzt immer so gemacht, es muss seiner Meinung nach so sein. Dass Sie ihn zurückzerren und vielleicht auch schimpfen, gehört für ihn zum normalen Ablauf. Er macht sich keine Gedanken darüber. Es beeindruckt ihn auch nicht, dass Sie schimpfen. Das machen Sie immer, das ist eben so und er ignoriert es.

Um das abzustellen, haben Sie zwei Möglichkeiten. Entweder Sie lassen Ihren Fellfreund klassisch bei „Fuß“ gehen oder es genügt Ihnen, wenn er an lockerer Leine neben Ihnen läuft.

Beim „Fuß“ soll der Hund beim Laufen mit seiner Schulter an Ihrem Unterschenkel kleben und Sie anschauen. Das ist für längere Strecken sehr unbequem, für Ihren Hund und für Sie. Ein entspannter Spaziergang ist nicht möglich. Diese Variante ist geeignet, wenn Sie Ihre Fellnase in bestimmten Situationen (anderer Hund, Katze usw.) für einen kurzen Moment unter Kontrolle haben wollen. In großen

Menschenmengen haben Sie so auch Ihren Hund direkt neben sich. Sie können ihn nicht verlieren und es kann auch niemand im Gedränge über die Leine fallen. Die Leute schauen beim Laufen in der Regel nach vorn oder zur Seite. Eine Hundeleine bemerken sie erst, wenn es zu spät ist.

Die „Fuß“-Variante ist eher etwas für mittelgroße bis große Hunde. Kleinen Hunden ist es anatomisch nicht möglich, direkt an Ihrem Bein zu sein und Sie dabei anzuschauen. Sie laufen daher von Natur aus ungefähr 20 cm neben Ihrem Bein.

Für einen normalen Spaziergang genügt es, wenn Ihr Freund einfach neben Ihnen läuft. Die Leine hängt durch. Dazu muss sich Ihr Freund nach Ihnen richten. Sie bestimmen Richtung und Tempo und Ihr Hund passt sich an. Für kreative Ausflüge oder um zu schauen, was da so anziehend riecht, ist kein Platz.

Für manchen Vierbeiner ist das frustrierend und langweilig. Um irgendetwas zu tun, zieht er an der Leine. Damit Ihr Fellfreund bei Ihnen bleibt und Sie beachtet, müssen Sie ihm etwas bieten. Etwas, das angenehm für ihn ist, zum Beispiel Aufmerksamkeit, Spannung (Wo gehen wir heute hin?), Leckerchen oder ein kleines Spiel. Es muss sich für ihn lohnen und es muss ihm Spaß machen, bei Ihnen zu sein.

Sind Sie der Mittelpunkt seines Universums, haben Sie gute Karten. Dann wird er von sich aus Ihre Nähe suchen. Ist das noch nicht der Fall, arbeiten Sie weiter an der Bindung und bauen Vertrauen auf. Im Zuge dessen wird Ihr vierbeiniger Freund mehr auf Sie achten. Es ist für ihn natürlich, dem Rudelführer zu folgen. Respektiert er Sie, hinterfragt er nicht, wo es langgeht. Er vertraut darauf, dass Sie das Richtige tun.

Die erste wichtige Regel, dass Ihr Vierbeiner Ihre Nähe sucht, ist: Machen Sie sich attraktiv.

Das Handy bleibt in der Tasche oder zuhause. Unterhalten Sie sich mit Ihrem Hund. Die Zeit des Spazierengehens gehört Ihnen beiden.

Nutzen Sie sie, genießen Sie die Zweisamkeit. Ihr Vierbeiner merkt rasch, wenn Sie gelangweilt daher schlurfen. Manchmal haben Sie ganz andere Dinge im Kopf und wollen die Gassirunde nur schnell über die Bühne bringen. Sie achten nicht auf Ihren Hund – und da wundert es Sie, dass er nicht auf Sie achtet?

Kommen Sie ins Hier und Jetzt, bevor Sie losgehen. Lassen Sie Stress und schlechte Gedanken los. Nehmen Sie sowohl Ihren Hund als auch die Umwelt und das Wetter bewusst wahr.

Fangen Sie an, ihre Fellnase dafür zu belohnen, wenn er bei Ihnen, neben Ihnen, ist und die Leine durchhängt. Passen Sie den Moment ab, in dem er genau dort ist, wo Sie ihn haben wollen. Hier ist wieder gutes Timing gefragt. Mit einem Markerwort oder Klicker funktioniert es am besten. Ohne geht es auch, ist aber schwieriger. Dazu müssten Sie das Leckerchen schon in der Hand haben. Andernfalls sind Sie zu langsam. Ihre Fellnase ist nicht dumm. Er bemerkt es, wenn Sie ein Leckerchen aus der Tasche nehmen. Auch, wenn er gerade mit Begeisterung an der Leine zerrt. Dann kommt er selbstverständlich zurück. Sie freuen sich und denken, dass alles in Ordnung sei. Das wäre schön und einfach. Leider funktioniert diese Methode in der Praxis nicht.

„Warum?", werden Sie jetzt fragen. „Mein Hund ist doch zurückgekommen!" Ja, das ist er. Er hat sich von dem Goodie anlocken lassen. Nur deshalb ist er gekommen. Ihr Vierbeiner hat nicht im Geringsten verstanden, was Sie ihm sagen wollten. Er hat sich einfach das Leckerchen geholt. Nachdem er es verschlungen hatte, ist er wahrscheinlich wieder nach vorn in die Leine gegangen. Sie holen das nächste Goodie aus der Tasche. Schwups, ist Ihr Leckermäulchen wieder da. So weit, so gut. Machen Sie das noch drei- oder viermal, haben Sie genau das Gegenteil von dem erreicht, was Sie wollten.

Schauen Sie sich das Spiel mit den Augen Ihres Fellfreundes an. Er zieht an der Leine. Er bekommt ein Leckerchen. Er geht wieder nach vorn und zerrt weiter. Er bekommt das nächste Leckerchen. Er geht vor, und bekommt ein Leckerchen usw. Langsam macht sich in ihm die Überzeugung breit, dass er jedes Mal, wenn er an der Leine zieht, ein Leckerchen bekommt. Also muss an der Leine ziehen richtig sein! Schließlich wird er dafür belohnt.

Sie haben mit Erfolg das Leinenziehen bestätigt.

Nun können Sie ständig ein Leckerchen in der Hand halten. Ihre Fellnase wird neben Ihnen sein. Und auch hier trügt der Schein. Ihr Hund geht nur scheinbar neben Ihnen. In Wirklichkeit folgt er dem Leckerchen, nicht Ihnen. Da Sie es in der Hand halten, muss er zwangsläufig neben Ihnen laufen.

Wenn Sie ihn anschließend fragen könnten, was auf dem Spaziergang passiert ist, wen er getroffen hat, würde er antworten: „Keine Ahnung, ich bin die ganze Zeit einem Leckerchen hinterhergelaufen."

Er bringt das Goodie nicht mit der Position neben Ihnen in Verbindung. Haben Sie nichts in der Hand, zieht er wieder.

Zieht Ihr Hund das nächste Mal, bleiben Sie stehen. Sie stehen ganz ruhig da, Sie sagen nichts und bewegen sich nicht. Die Leine ist straff gespannt.

Beobachten Sie Ihre Fellnase genau. Irgendwann wird er sich wundern, warum es nicht weitergeht. Er wird sich zu Ihnen umdrehen. Anfangs kann das lange dauern. Haben Sie Geduld und planen Sie genug Zeit ein. Widerstehen Sie der Versuchung, Ihren Vierbeiner zu rufen. Er muss von sich aus handeln. Rufen Sie ihn, haben Sie die gleiche Situation, wie oben mit dem Leckerchen beschrieben. Dreht er sich von selbst um, wendet er sich bewusst von dem ab, was er will: Vorwärtsgehen.

Endlich ist es soweit, er wendet den Kopf. Genau in diesem Moment muss von Ihnen das Markerwort oder ein Klick kommen. Damit bestätigen Sie, dass er sich vom Vorwärtsgehen abwendet. Stattdessen widmet er Ihnen seine Aufmerksamkeit. Das belohnen Sie. Um sich sein Goodie abzuholen, muss er zu Ihnen kommen. Ist es gefressen, wird er früher oder später wieder nach vorn ziehen. Das ist nicht schlimm, bleiben Sie einfach wieder stehen. Das Spiel beginnt von neuem. Warten Sie wieder, bis er sich umdreht. Dieses Mal sollte es schneller gehen.

Bleiben Sie konsequent und geduldig. Es gibt hin und wieder einen Experten im Fellmantel, der es wissen will. Der ausprobieren muss, wer den längeren Atem hat: Frauchen/Herrchen oder er. Diese Diskussion gewinnen Sie mit innerer Ruhe und Ausgeglichenheit.

Das machen Sie so lange, bis sich Ihr Schlaumeier sofort umdreht. Würden Sie jetzt weiter das Umdrehen bestätigen, hätten Sie wieder obige Situation. Ihr Hund würde ziehen, Sie blieben stehen, er würde sich umdrehen, seine Belohnung bekommen und anschließend wieder ziehen usw. So begänne der Kreislauf von vorn.

Jetzt bestätigen Sie erst, wenn sich Ihr Vierbeiner in Ihre Richtung in Bewegung setzt. Klappt auch das auf Anhieb, warten Sie, bis er bei Ihnen angekommen ist.

Als nächstes bestätigen Sie, wenn er einen Schritt lang neben Ihnen geblieben ist. Aus diesem ersten Schritt werden zwei, dann drei, fünf oder zehn Schritte. Nun können Sie anfangen, variabel zu bestätigen. Belohnen Sie nach fünf Schritten, nach dreizehn, dann nach zehn Schritten.

Ihr Hund hat jetzt verstanden, dass er dafür belohnt wird, dass er neben Ihnen geht. Er bekommt, was er möchte und er darf weitergehen. Zieht er dagegen nach vorn, muss er warten, weil Sie stehenbleiben.

Bringen Sie Abwechslung ins Spiel, damit es Ihrem Vierbeiner nicht langweilig oder gar zu leicht gemacht wird. Laufen Sie in Schlangen-

linien, im Zickzack oder bauen Sie Wendungen ein. Passen Sie auf, dass Sie Ihren Freund nicht umlaufen. Das passiert, wenn Sie sich in seine Richtung drehen. Drehen Sie sich zur anderen Seite, laufen Sie Gefahr, ihn zu verlieren.

Leiten Sie jeden Richtungswechsel deshalb mit einem deutlichen Eindrehen der jeweiligen Schulter ein. Dann weiß Ihr Hund, was Sie vorhaben und kann sich darauf einstellen. Kurz bevor Sie den ersten Schritt nach links machen, bewegen Sie Ihre linke Schulter nach hinten und Ihre rechte Schulter nach vorn. Möchten Sie nach rechts abbiegen, geht Ihre rechte Schulter nach hinten und die linke nach vorn.

Wechseln Sie die Schrittlänge. Machen Sie zuerst winzige, kurze, normale, dann lange oder raumgreifende Schritte. Gehen Sie schnell, langsam oder normal in unregelmäßigem Wechsel. Eventuell rennen Sie ein Stück, um dann im Zeitlupentempo weiterzugehen, oder schleichen Sie in gebückter Haltung. Bleiben Sie stehen und gehen normal weiter. Sie können auch einen Blitzstart hinlegen.

Vielleicht gibt es auf Ihrer Tour einen oder mehrere Bäume, einen Springbrunnen oder etwas Anderes, um das Sie herumgehen können. Lassen Sie Ihre Fellnase manchmal innen und manchmal außen gehen. Innen gehen bedeutet, dass Ihr Hund zwischen dem zu umrundenden Etwas und Ihnen geht. Außen geht er, wenn Sie sich zwischen dem Hindernis und Ihrer Fellnase befinden. Wechseln Sie öfter die Richtung, dann bleibt es spannend.

Bei all diesen Spielchen teilen Sie Ihrem Freund mit Ihrer Körpersprache mit, was Sie als nächstes vorhaben. Wollen Sie langsamer werden oder anhalten, richten Sie sich im Gehen auf, nehmen die Schultern zurück und rücken den Brustkasten nach vorn. Machen Sie vor einem kompletten Stopp noch ein paar kleiner werdende Schritte. Das macht es Ihrer Fellnase leichter.

Wollen Sie beschleunigen, lehnen Sie Ihren Oberkörper nach vorn. Eventuell winkeln Sie die Arme wie zum Laufen an. Schauen Sie Ihren Freund aufmunternd an. Bevor Sie losrennen, gehen Sie in eine leicht gebückte Haltung, die Arme winkeln Sie extrem an. So ähnlich wie ein Hundertmeterläufer am Start. Bauen Sie ruhig ein wenig Spannung auf. Lassen Sie Ihren Hund sitzen und nehmen Sie die Läuferstellung ein. Beobachten Sie dabei Ihren Vierbeiner. Spannen sich seine Muskeln an? Ist der ganze Hundekörper auf vorwärts ausgerichtet?

Bauen Sie diese kleinen Spielchen langsam auf und in Ihre Spaziergänge ein. Achten Sie darauf, dass Sie Ihren Vierbeiner nicht an der Leine hinter oder neben sich her zerren. Er muss verstanden haben, dass er auf Sie achten muss, um mit Ihnen mitzukommen.

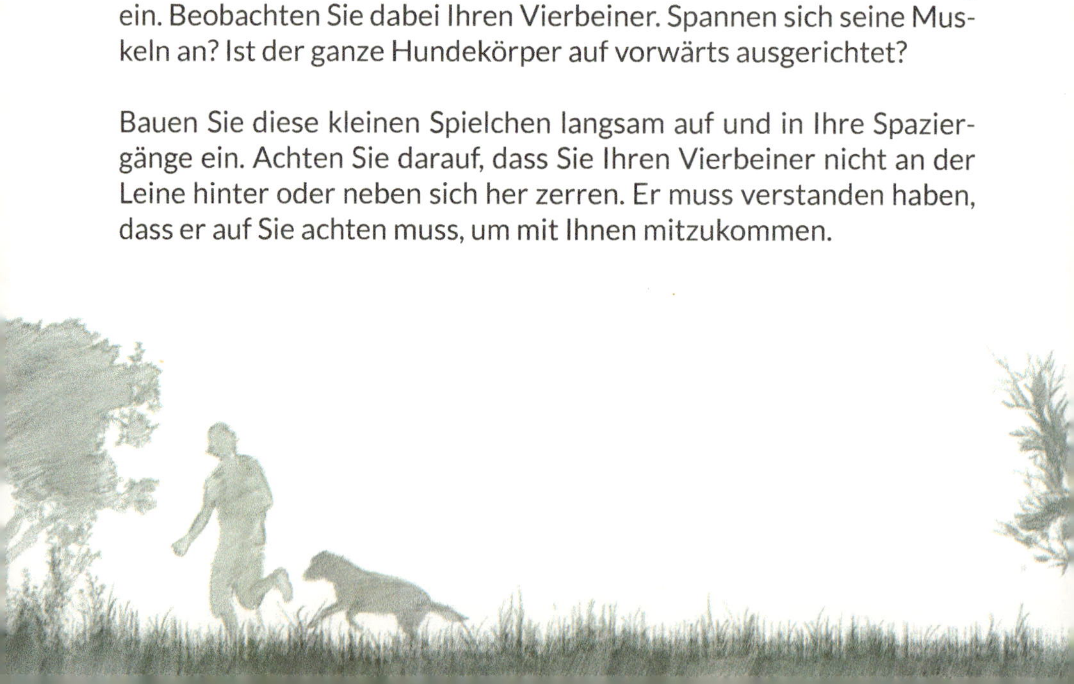

Profis können noch kombinieren. Bauen Sie in die Schlangenlinien Tempowechsel oder Stopps ein usw. Seien Sie kreativ.

Vergessen Sie unterwegs nicht, dass Ihr Hund ein Hund ist. Sie müssen ihm ausreichend Zeit zum Schnüffeln lassen. Gehen Sie häufig die gleiche Strecke, wissen Sie, wo seine Informationszentren sind. Dort muss er hinlaufen dürfen. Er möchte seine Hundezeitung lesen und eventuell einen Artikel hinzufügen. Auch Sie informieren sich täglich über die neuesten Ereignisse, sei es in einer gedruckten Zeitung oder im Internet. Sie tun es mit Ihren Augen. Ihr Fellfreund liest seine Zeitung mit der Nase. Er erschnüffelt, welcher Hund vor ihm hier war, wie alt er ist, ob es ein Rüde oder eine Hündin ist, ob er gesund ist. Setzt er selbst eine Urinmarke, haben die Hunde, die nach ihm kommen, die gleichen Informationen über ihn. So kennen sich Hunde untereinander, obwohl sie sich noch nie begegnet sind. Das ist eine Form der Hundekommunikation und gehört zu ihrem normalen Sozialverhalten. Sie sollten es Ihrer Fellnase nicht verbieten, daran teilzunehmen. Er braucht es für einen ausgeglichenen Tagesablauf.

Der Anspringer

Es kann verschiedene Ursachen haben, warum Ihr Freund Menschen anspringt. Junge Hunde sind oft noch stürmisch und begrüßen einfach jeden, egal ob sie ihn kennen oder nicht, überschwänglich. Das hat einen guten Grund. Welpen sind süß und werden von allen freundlich begrüßt, gestreichelt, mit leckeren Sachen vollgestopft und jeder möchte mit ihnen spielen. Dass der Kleine sie anspringt, wird toleriert, ja meistens sogar forciert. Das Fellbündel ist einfach zu niedlich und spielt überall die Hauptrolle. Ihr Fellknäuel merkt sich das. Er weiß genau, dass wenn er zu einem Menschen läuft und sich an ihm hochzieht, er die volle Aufmerksamkeit hat.

Wird er dann größer, eventuell ganz groß, finden es die Menschen plötzlich nicht mehr spaßig, wenn er das tut. Vor allem, wenn er so groß ist, dass sie schleunigst Rückendeckung suchen müssen, um nicht umgerissen zu werden. Das stört den Hund meistens nicht im Geringsten und so springt er lustig weiter alle mit Begeisterung an.

Den angesprungenen Menschen stört es gewaltig. Er möchte den großen Wildfang möglichst schnell loswerden. Was tun Sie, wenn Sie bedrängt werden? Richtig, Sie versuchen, den Aufdringlichen mit Händen und Armen wegzuschieben. Was denkt Ihre Fellnase, wenn Ihr Gast mit Armen und Händen vor ihm herumfuchtelt? ‚Hurra! Lass und zusammen spielen!' Seine Begeisterung steigt und er unternimmt weiterhin alles, damit er weiterspielt. Die Armbewegungen Ihres Besuches werden hektischer, zur Freude Ihres Hundes. Das steigert sich so lange, bis Sie endlich eingreifen. Pflücken Sie Ihren Schützling vom Besucher, retten Sie ihn.

Um das Anspringen abzustellen, muss Ihr Vierbeiner lernen, dass dieses Verhalten ihn nicht mehr zum Erfolg führt. Erfolg heißt hier: Er bekommt Aufmerksamkeit und Spiel.

Damit das funktioniert, müssen wieder die Menschen ihr Verhalten ändern. Jetzt sind die Menschen gemeint, die angesprungen werden.

Sie sind es, die, wenn auch unbewusst, den Hund in seinem Tun bestätigen.

Üben Sie am besten anfangs mit Bekannten. Sprechen Sie vorher mit ihnen. Erklären Sie, wie sie sich in Zukunft verhalten sollen, wenn Ihr Fellfreund zur Anspringattacke bläst. Es ist ganz einfach. Sie tun nichts, absolut gar nichts. Sie sollen sich einfach gerade hinstellen und nach oben schauen. Die Arme können an den Seiten herunterhängen. Ganz harte Fälle versuchen dann an den Händen zu lecken oder daran zu stupsen. Ist das bei Ihrer Fellnase der Fall, verschränkt Ihr Bekannter die Arme vor der Brust. Er schaut den Hund nicht an, spricht nicht mit ihm und bewegt sich nicht.

Ihr Vierbeiner wird sich fragen, was los ist. Er wird einige halbherzige Versuche starten, Ihren Bekannten anzuspringen. Führt ihn das nicht zum gewünschten Ergebnis, wird er aufgeben. Hat er sich beruhigt, darf Ihr Gast ihn begrüßen, ihn streicheln oder mit ihm spielen.

Das war natürlich erst die erste Übungseinheit. Es müssen noch viele weitere folgen, bis Ihr Fellfreund erst gar nicht mehr zum Anspringen ansetzt.

Belästigt er unterwegs einen Fremden, bitten Sie auch ihn, Ihren Wildfang zu ignorieren. Folgt seinem Verhalten nicht mehr die gewünschte Aufmerksamkeit, wird er es lassen. Es wird sinnlos und langweilig.

Anders sieht es aus, wenn Sie einen sehr wachsamen Hund haben. Vierbeiner mit hohem Beschützerinstinkt neigen dazu, Fremde an eine Wand zu drücken. Manche bleiben dann vor dem Verdächtigen stehen, andere springen an ihm hoch. Sie haben den Eindringling erfolgreich gestellt und lassen ihn nicht mehr weg. Sie beißen ihn nicht, sondern sie warten vielmehr, bis Frauchen/Herrchen kommt und die Lage klärt.

So ein Hund ist Malinois Duka. Ihr Frauchen war hinten auf dem Grundstück beschäftigt. Bis sie bemerkte, dass Duka fehlte. Das war ungewöhnlich. Die anhängliche Hündin wich sonst nicht von ihrer Seite. Also ging sie los, um nachzuschauen. Was sie in ihrem Vorgarten fand, war wie eine Szene aus einer Hollywoodkomödie. Ein kreidebleicher fremder Mann stand an die Hauswand gelehnt. Vor ihm stand Duka auf den Hinterbeinen. Ihre Vorderpfoten ruhten auf den Schultern des Fremden. Zwischen der Nasenspitze des Mannes und der von Duka waren ca. 2 cm Platz. Duka hatte ihren Blick starr ins Gesicht des Eindringlings gerichtet.

Das hatte Dukas Frauchen bei Ihrer Hündin noch nie gesehen. Sie entspannte die Situation, indem sie Duka wegnahm und neben sich platzierte. Die gut erzogene Hündin tat es, ließ den Fremden aber nicht aus den Augen. Der Eindringling war harmlos. Er entpuppte sich als Staubsaugervertreter, der einen Termin für eine Vorführung aushandeln wollte. Den Klingelknopf an der Tür des Zaunes hatte er übersehen und er wollte gleich zur Haustür. Das Frauchen der wachsamen Malinoishündin hat richtig gehandelt. Sie hat die Kontrolle übernommen und Duka ein Ersatzverhalten („Platz“) angeboten.

Sind Sie anwesend, wenn Ihr Wachhund jemanden stellen möchte, unterbinden Sie es. Machen Sie ihm mit Ihrer Körpersprache und sicherem Auftreten bewusst, dass Sie die Angelegenheit regeln. Rufen Sie Ihren Vierbeiner zu sich und beschäftigen Sie ihn mit einer Übung, die er gut kann. Ein einfaches „Sitz“ oder „Platz“, kombiniert mit einem „Bleib“, bieten sich hier an. Damit haben Sie Ihren Hund unter Kontrolle und können sich mit dem Menschen unterhalten, den er anspringen wollte. Alternativ schicken Sie Ihren Fellfreund ins Nebenzimmer oder in seine Box.

Der Alleingelassene

Unter Trennungsangst leiden häufig ängstliche, unsichere Hunde. Ist ihre Bezugsperson nicht da, fühlen sie sich allein und überfordert. Ihre Unsicherheit schaukelt sich zur Panik hoch.

Hunde sind von Natur aus Rudeltiere. Alleinsein liegt nicht in ihrer Natur. Sie brauchen die Geborgenheit, also die Sicherheit ihres Rudels. Hat ein Wolf den Kontakt zum Rudel verloren, versucht er ihn durch Jaulen wieder herzustellen. Dieses Jaulen ist eine Form der Kommunikation. Antwortet das Rudel, weiß der Verlorene, in welche Richtung er sich bewegen muss, um seine Familie wiederzufinden. Genau das versucht Ihr Hund, wenn er in Ihrer Abwesenheit bellt und jault. Er bringt damit zum Ausdruck, dass er sich einsam fühlt und versucht, mit Ihnen in Kontakt zu treten. Nun sind Sie meistens so weit weg, dass Sie ihn nicht hören – Ihre Nachbarn allerdings schon.

Funktioniert die Kontaktaufnahme nicht, geraten manche Vierbeiner derart in Frust, dass sie anfangen, die Wohnung zu demolieren. Sie zerbeißen Teppiche, nagen Möbelbeine an, zerfetzen Sesselpolster usw. Dieses Fehlverhalten ist Ausdruck des Stresses, unter dem Sie stehen.

Folglich bietet sich eine Lösung förmlich an: Verringern Sie den Stress!

Das ist leichter gesagt als getan. Schließlich müssen Sie zur Arbeit oder zum Einkaufen die Wohnung verlassen. Nur die wenigsten haben das Glück, dass sie ihren Hund zur Arbeit mitnehmen dürfen. Ihr Vierbeiner braucht nur zu lernen, dass es in Ordnung ist, wenn Sie weggehen. Er muss sich sicher sein können, dass Sie wiederkommen. Bauen Sie noch mehr Vertrauen auf. Das geht nicht von heute auf morgen. Das Alleinsein ist eine ganz große Sache für Ihren Freund. Es braucht seine Zeit. Sie verlangen von ihm, dass er sich entgegen seiner Natur verhält. Das erfordert ein großes Maß an Impulskontrolle.

Fangen Sie wie immer ganz langsam an. Gehen Sie für fünf Sekunden in einen Nebenraum. Sie stehen einfach auf und gehen ganz selbstverständlich nach nebenan, ohne etwas zu sagen. Kann Ihr Freund das „Bleib“, fixieren Sie ihn damit, bis Sie wiederkommen. Dann können Sie die Tür offen lassen.

Kann er noch nicht bleiben, müssen Sie die Tür hinter sich schließen. Sonst wird er Ihnen folgen.

Wenn Sie die Tür offen lassen können, ist es für Ihre Fellnase einfacher. Er sieht Sie dann, auch wenn Sie in einem anderen Raum sind.

Bleibt Ihr Fellfreund ruhig, kommen Sie nach fünf Sekunden wieder und setzen sich ganz selbstverständlich hin, so, als wäre nichts geschehen.

Bellt oder jault Ihr Freund, warten Sie, bis er eine kurze Pause macht. Hier müssen Sie wieder gut aufpassen und schnell sein. Diese Pausen sind oft sehr kurz. Sie kommen erst zurück, wenn er nicht bellt. Verpassen Sie den Moment, lernt Ihr Hund: Ich muss nur lange und laut genug bellen, dann kommt mein Mensch zurück.

Das ist aber genau das, was er nicht tun soll, was Sie ihm abgewöhnen möchten. Das Bellen soll ihn nicht zum gewünschten Ergebnis führen. Also haben Sie Geduld und passen Sie den richtigen Moment ab. Seien Sie dazu konsequent. Sprechen Sie nicht mit ihm, auch wenn er herzzerreißend jault. Offensichtlich waren die fünf Sekunden dann zu lang für ihn. Ihr Fellfreund ist überfordert.

Beim nächsten Mal schließen Sie die Tür und öffnen sie sofort wieder. Ist auch das noch zu lange, schließen Sie die Tür nur zur Hälfte oder ein Viertel.

So arbeiten Sie sich Sekunde um Sekunde vor. Bellt Ihr Freund, ignorieren Sie ihn. Bleibt er ruhig, wird er belohnt, indem Sie wiederkommen. Dann hat er bekommen, was er möchte. Eine extra Belohnung in Form von Leckerchen wäre hier kontraproduktiv. Dann würde er noch mehr bellen, nur um Leckerchen zu ergattern.

Ist der Anfang gemacht und Ihr Hund bleibt ruhig, gehen Sie schrittweise weiter. Nehmen wir an, Sie hatten die Tür zu einem Viertel geschlossen und gleich wieder geöffnet. Warten Sie jetzt eine Sekunde, bevor Sie öffnen und zurückgehen. Klappt das, warten Sie ein wenig länger, etwa zwei, drei oder bis fünf Sekunden.

Nun wird es Zeit, die Tür weiter zu schließen, bis zur Hälfte. Warten Sie wieder einige Sekunden. Dann schließen Sie die Tür fast ganz. Funktioniert das, machen Sie sie komplett zu. Es kann sein, dass Ihr Fellfreund jetzt einen Rückfall hat. Das passiert an dieser Stelle häufig. Das macht nichts, dann lassen Sie die Tür eben nochmals einen Spalt breit offen. Nach einigen weiteren Versuchen können Sie die Tür wieder ganz schließen. Klappt es immer noch nicht, bleibt sie wieder ein wenig auf. Gedulden Sie sich, bis Ihr Freund soweit ist.

Ist die Tür dann endlich zu, verlängern Sie die Zeit. Arbeiten Sie immer im Tempo Ihrer Fellnase. Klappt etwas nicht mehr, gehen Sie einen oder zwei Schritte zurück. Er soll Vertrauen fassen. Das kann er nicht, wenn Sie zu schnell vorgehen und ihn überfordern. Dehnen Sie die Zeit ruhig auf zehn bis fünfzehn Minuten aus.

Dieses Spiel wiederholen Sie in kurzen Einheiten so lange, bis Ihr Freund verstanden hat, dass Sie wiederkommen. Sie gehen zwar weg, aber er kann sich darauf verlassen, dass Sie zurückkommen. Das muss er verinnerlichen, um einen großen Schritt weiter zu sein.

Wenn es möglich ist, gehen Sie einen Raum weiter. Ist das in Ihrer Wohnung nicht machbar, lassen Sie diesen Schritt aus. Gehen Sie hier auch wieder schrittweise und langsam vor. Nun können Sie Ihren Hund in einem Zimmer der Wohnung allein lassen. Wenn Sie möchten, verlängern Sie die Zeit noch weiter. Lassen Sie ihn ein bis zwei Stunden in einem Raum.

Jetzt wird es Zeit, die Wohnung zu verlassen. Das tun Sie anfangs wieder nur einen ganz kurzen Moment. Ziehen Sie sich keine anderen Schuhe und auch keine Jacke an. Schuhwechsel und Jacke sind für Ihren Freund Signale. Sie lösen im Hundegehirn eine Verhaltenskette aus. Adrenalin und Cortisol werden ausgeschüttet, sein Stresspegel schnellt nach oben, er verliert die Kontrolle und fängt an zu bellen/jaulen usw. Das ganze Programm ist dann ein Selbstläufer und nicht zu stoppen.

Indem Schuhe und Jacke dort bleiben, wo sie sind, unterbrechen Sie das Programm. Die unerwünschte Verhaltenskette startet nicht. Auf jeden Fall startet sie nicht sofort. Eventuell läuft sie an, wenn Sie die Wohnungstür/Haustür schließen. Ist das der Fall, schließen Sie die Wohnungstür nicht ganz. Gehen Sie wieder so vor, wie bei der Zimmertür. Bleibt Ihr Vierbeiner ruhig, warten Sie einen Moment vor der Tür und kommen dann zurück. Bellt er, warten Sie, wie oben beschrieben, auf eine Pause.

Schafft Ihre Fellnase es, einige Minuten lang ruhig zu bleiben, gehen Sie fünf bis zehn Schritte weg oder einige Treppenstufen hinunter. Denken Sie immer daran, dass Ihr Fellfreund ein überaus empfindliches Gehör hat. Er weiß genau, ob Sie vor der Tür stehen oder weggegangen sind.

Gehen Sie immer weiter weg und bleiben Sie länger außer Haus. Eventuell bitten Sie einen Nachbarn um Hilfe. Sind Sie weiter weg, hören Sie nicht, ob Ihre Fellnase bellt. Ihr Nachbar wird Ihnen sicherlich helfen und Ihnen sagen, ob Ruhe war oder nicht. Schließlich ist das Training in seinem Interesse.

Gehen Sie anfangs lediglich die Straße hoch und runter oder erledigen Sie einen kleinen Einkauf. Und vor allem haben Sie Geduld. Je nachdem, wie lange Ihr Hund schon unter Verlassensängsten leidet, kann es sehr lange dauern. Gehen Sie wirklich nur in sehr, sehr kleinen Schritten vor. Dann schaffen Sie es und können Ihren Freund für längere Zeit allein lassen, ohne dass er in Stress gerät.

Bleibt nur noch eines: Sie können nicht ständig in Hauspuschen und ohne Jacke auf die Straße gehen.

Lösen Sie die Verbindung von den Straßenschuhen und der Jacke mit Ihrem Weggehen. Tragen Sie Straßenschuhe und Jacke auch öfter in der Wohnung. Sie müssen nicht zwingend beides zusammen tragen. Variieren Sie ein wenig.

Gehen Sie ganz selbstverständlich hinaus. Machen Sie keinen großen Bahnhof und verabschieden Sie sich nicht von Ihrem Freund.

Sie gehen. Das ist so. Das ist Ihr Recht als Rudelführer. Ihr Hund hat gelernt, das zu akzeptieren. Er vertraut Ihnen und weiß, alles ist in Ordnung, denn Sie kommen wieder.

Eventuell bauen Sie ein kleines Ritual auf. Sagen Sie im normalen Tonfall, wenn Sie gehen: „Ich komme bald wieder." oder „Bis heute Abend." Das gibt Ihrer Fellnase Sicherheit.

Die Boxer-Hündin Shiva und ihre Menschenfreundin haben es mit der oben beschriebenen Methode geschafft, die Angst vor dem Alleinsein zu besiegen. Shivas Freundin hilft ihr noch zusätzlich. Wenn Shiva längere Zeit für sich bleiben muss, knotet sie Leckerchen in alte Socken, Handtücher oder T-Shirts. Am liebsten mag es Shiva, wenn die T-Shirts oder Socken nach ihrer Freundin riechen. Frisch gewaschen sind sie nur halb so interessant. Die Hündin ist über einen längeren Zeitraum damit beschäftigt, die Goodies auszupacken und zu genießen. Anschließend ist sie müde, verschwindet in ihrem Körbchen und verschläft die Zeit, bis Frauchen wieder da ist. Bellen und Stuhlbeine anknabbern sind vergessen.

Sie können Ihrer Fellnase auch handelsübliche Kongs oder Snackbälle geben. Füllen Sie Schmierkäse oder Leberwurst in den Kong. Es dauert relativ lange, bis Ihr Vierbeiner das heraus geleckt hat.

Ein kleiner Papillon namens Gunnar hatte das gleiche Problem. Seine Familie hat sich einen zweiten Papillon angeschafft. Nun ist Gunnar

nicht mehr allein, denn er hat Gesellschaft. Auch hier ist Ruhe eingekehrt.

Als Alternative suchen Sie sich einen Hundesitter. Eventuell haben Sie dafür ein älteres Schulkind in der Nachbarschaft. Das kann sich wenigstens nachmittags um Ihren Hund kümmern. In vielen größeren Städten gibt es inzwischen Hundetagesstätten. Dort bringen Sie Ihren Vierbeiner morgens hin und holen ihn abends wieder ab, ähnlich wie in einer Kindertagesstätte.

Hier ist es wichtig, dass Sie herausfinden, warum und wann Ihr Hund aggressiv wird. Eine gewisse Aggressivität gehört zur Natur des Hundes. Schließlich wurde von seinen Vorfahren erwartet, dass sie Haus und Hof bewachten. Sie darf nur nicht die Kontrolle übernehmen.

Zeigt sich die Aggression gegenüber anderen Hunden oder Menschen oder beidem? Wie äußert sie sich?

Ursache ist fast immer, dass Ihr Hund unter Stress steht. Kein Hund wird aggressiv geboren, er ist ein soziales Wesen. Aggression entsteht erst, wenn sich Emotionen aufstauen.

Überlegen Sie einmal, wann und warum Sie wütend werden. Negative Emotionen stauen sich, vielleicht sogar über einen längeren Zeitraum, und irgendwann platzt Ihnen der Kragen.

Oft möchte Ihr Hund ihm wichtige Ressourcen verteidigen. Dabei geht es um Futter, Aufmerksamkeit oder Spielzeuge. Das ist völlig normal, solange es ein gewisses Level nicht überschreitet.

Eventuell steht Ihr Vierbeiner unter Stress, weil er nicht weiß, wie er bei Hundebegegnungen oder bei fremden Menschen reagieren soll. Das kann daran liegen, dass Sie unsicher sind. Ihr Freund richtet sich nach Ihnen. Übermitteln Sie Unsicherheit, heißt das für ihn: Vorsicht! Hier lauert Gefahr. Da er nichts anderes entdecken kann, muss die Gefahr vom anderen Hund oder Menschen ausgehen. Sie sind nach der Meinung Ihres Vierbeiners unfähig, die Situation zu regeln. Sie sind unsicher, ängstlich und nervös und damit sprechen Sie sich selbst die Rolle des Rudelführers ab. Ihr Hund muss also übernehmen und fühlt sich entweder überfordert oder wird größenwahnsinnig.

Ein Gernegroß wird generell nach vorn gehen. Er muss dem anderen beweisen, was für ein toller Kerl er ist. Gefällt ihm die Rolle, und das tut sie fast immer, wird er den Posten des Rudelführers nicht wie-

der abgeben wollen. Er wird in Zukunft auch in alltäglichen Dingen darauf bestehen, dass er seinen Willen bekommt. Sind Sie dann zurückhaltend und ängstlich und geben nach, hat er Erfolg mit seiner Aggression. Sie wird sich verschlimmern.

Ist Ihre Fellnase überfordert, ist er im Inneren genauso unsicher wie Sie. Bei ihm äußert sich Unsicherheit entweder in Aggression oder Angst. Wobei auch Angst in Aggression umschlagen kann. In beiden Fällen will Ihr Hund die Quelle des Stresses loswerden. Er will die potenzielle Gefahr beseitigen. (Er muss es sogar, es ist seine Aufgabe als vermeintlicher Rudelchef.) Also greift er an nach dem Motto: Angriff ist die beste Verteidigung.

In den meisten Fällen wird er damit Erfolg haben. Der Mensch, den er angebellt oder angeknurrt hat, zieht sich erschrocken zurück. Der Besitzer des anderen Hundes, zerrt seinen Schützling aus der Gefahrenzone und sucht mit ihm schleunigst das Weite. Sein Erfolg gibt ihm recht. Er wird sein aggressives Verhalten fortsetzen. Irgendwann wird es für ihn normal sein, auf andere Hunde loszugehen. Etwas anderes kennt er nicht, er weiß nicht, dass es auch anders geht.

Helfen Sie ihm aus dieser Situation heraus. Erinnern Sie sich, wie alles angefangen hat? Sie waren ängstlich und nervös.

Arbeiten Sie an sich selbst. Wachsen Sie in Ihre Aufgaben als Rudelführer hinein. Sie bestimmen, welchen Weg Sie auf Ihrem täglichen Spaziergang nehmen. Ein anderer Hund kommt von vorn. Sie wissen, dass Ihre Fellnase gleich ausrastet und Sie werden unruhig … Durchbrechen Sie diese Kette. Sowie Sie den anderen Hund erblicken, drehen Sie ganz selbstverständlich um. Schlagen Sie selbstsicher einen anderen Weg ein. Das ist nicht die Endlösung, sondern nur ein Zwischenschritt. Sie können erst dann mit Ihrem Vierbeiner weiterarbeiten, wenn Sie gelernt haben, in dieser Situation gelassen zu bleiben.

Egal, welcher Auslöser bei Ihrem Hund zur Aggression führt, bleiben Sie ruhig, selbstbewusst und entschlossen. Sie vermitteln Ihrer Fellnase damit, dass Sie alles unter Kontrolle haben. Er braucht sich um nichts zu kümmern, das tun Sie. Mit dieser Haltung nehmen Sie viel Stress weg.

Bauen Sie unabhängig davon Vertrauen auf und stärken Sie die Bindung zu Ihrer Fellnase. Beobachten Sie, wie er mit seiner Körperhaltung kommuniziert. Lernen Sie ihn besser kennen und geben Sie ihm die Möglichkeit, Sie besser kennenzulernen. Verbringen Sie viel Zeit miteinander. So vermeiden Sie Irrtümer. Haben Sie sich nicht auch schon einmal über jemanden geärgert, was sich nach einem Gespräch als einfaches Missverständnis herausgestellt hat? Versuchen Sie, Ihren Hund zu verstehen und besser mit ihm zu kommunizieren. Das schweißt Sie als Team zusammen und bringt Entspannung in den Alltag. Der Stress sinkt weiter.

Kennen Sie den Auslöser, suchen Sie die Reizschwelle. Wie weit können Sie an den Auslöser herangehen, bis Ihr Freund reagiert? Wie reagiert er genau? Versteifen sich seine Muskeln? Legt er die Ohren an? Was macht seine Rute? Wie ist sein Blick, seine Pupillen? Bewegt er die Lefzen? Sträubt sich sein Nackenfell? Wie hält er seinen Kopf?

Es ist nicht einfach, das alles im Blick zu haben. Oft sind es winzige Veränderungen. Bitten Sie jemanden, Ihren Hund zu filmen. Dann können Sie sich alles in Ruhe anschauen. Kennen Sie die ersten Anzeichen, können Sie rechtzeitig und gezielt eingreifen.

Zu Anfang bedeutet das, dass Sie sich vom Auslöser entfernen müssen. Weg vom Auslöser bedeutet weg vom Stress und weg von der Aggression.

Im weiteren Verlauf werden Sie Ihren Vierbeiner langsam und mit viel Feingefühl an den Auslöser heranführen. Er wird merken, dass er sich nicht aufzuregen braucht und kann beginnen, den Auslöser zu akzeptieren. Das geht so weit, dass der Auslöser seine Bedeutung verlieren wird. In der Fachsprache heißt das Desensibilisieren. Gleichzeitig bauen Sie über positive Verstärkung eine Erwartungshaltung auf.

Sie haben inzwischen herausgefunden, wie weit Sie sich einem anderen Hund/Katze/Menschen nähern können, bevor Ihre Fellnase Anzeichen von Stress/Aggression zeigt. Halten Sie diesen Mindestabstand ab jetzt ein. Ihr Vierbeiner soll gar nicht erst auf die Idee kommen, aggressiv zu werden.

Wir werden jetzt am Beispiel von Aggressionen gegen Katzen sehen, wie Desensibilisieren in der Praxis funktioniert. Das Ziel ist, dass Ihr Freund die Anwesenheit einer Katze duldet. Die beiden werden wahrscheinlich keine dicken Freunde werden, aber sie werden einander akzeptieren.

Viele Hunde haben eine Abneigung gegen Katzen. Das kann zum Problem werden, wenn Sie selbst eine Katze haben. Es fördert auch nicht wirklich das nachbarschaftliche Verhältnis, wenn Ihr Fellfreund ständig hinter der Katze des Nachbarn her ist. Ist Ihre Katze den Aufenthalt in einer Box gewohnt und fühlt sie sich sicher darin, nutzen Sie das zum Üben aus. Setzen Sie Ihr Samtpfötchen in die Box. Fangen Sie im Garten mit dem Spiel an, denn dort ist mehr Platz als in der engen Wohnung. Haben Sie keine eigene Katze oder geht sie nicht in eine Box, ist das nicht schlimm. Irgendwann treffen Sie unterwegs einen Stubentiger.

Nehmen Sie Ihren Hund an die Leine. Gehen Sie in einem Abstand an der Katze vorbei, von dem Sie sicher wissen, dass Ihr Freund sich nicht aufregt. Es ist egal, wie weit das ist. Wenn das dreißig Meter sind, gehen Sie im Abstand von dreißig Metern an der Katze vorbei.

Beobachten Sie ihn. Schaut er zur Katze, belohnen Sie ihn. Achten Sie darauf, dass er sie wirklich nur anschaut und nicht fixiert. Fixieren ist eine Warnung, der meistens ein Angriff folgt. Außer Sie haben einen Border Collie. Border Collies haben einen rassetypischen „Hüteblick“, mit dem sie die Schafe im Blick behalten. Er sieht dem Fixieren anderer Hunde täuschend ähnlich. Das sorgt bei Menschen und anderen Hunden häufig für Verwirrung. Den richtigen Moment fangen Sie mit einem Markerwort oder Klicker ein. Er soll die Belohnung damit in Verbindung bringen, dass er die Katze angeschaut hat (und dabei ruhig geblieben ist). Verwenden Sie hochwertige Leckerchen. Es ist eine große Leistung, die Ihr vierbeiniger Freund hier vollbringt. Gehen Sie ganz ruhig weiter. Es ist nichts Aufregendes geschehen.

Dieses Spiel machen Sie sehr, sehr lange. Irgendwann wird die eingefahrene Kette: Katze = Ich muss mich aufregen/verteidigen/beschüt-

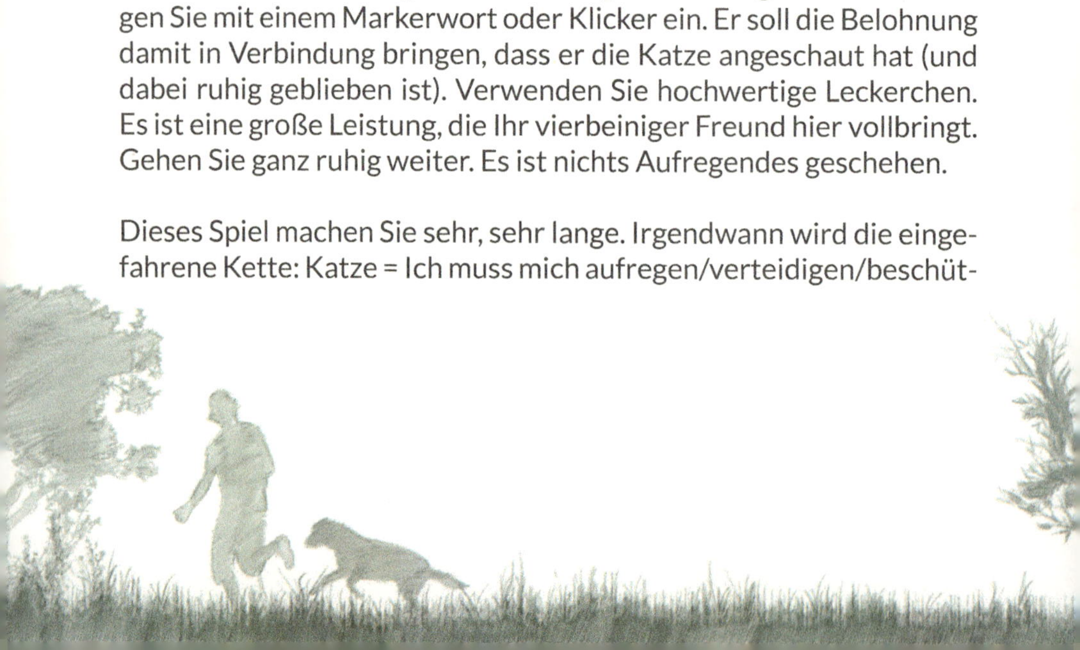

zen, anfangen zu bröckeln. Ganz im Hintergrund seines Gehirns taucht der Gedanke auf: ‚Das ist vielleicht gar nicht so schlimm, wie ich immer dachte. Schließlich springt ein Goodie dabei heraus.' Er kommt langsam in eine positive Haltung.

Verringern Sie nach und nach den Abstand zur Katze. Bleibt Ihr Freund ruhig und schaut seinen vermeintlichen Erzfeind gelassen an, bekommt er seine Bestätigung. Zeigt er Anzeichen von Aggression oder Stress, sind Sie zu dicht. Vergrößern Sie den Abstand wieder.

Hat Ihr Fellfreund das verinnerlicht, gehen Sie noch einen Schritt weiter. Nach dem Blickkontakt zur Katze kommt keine Bestätigung mehr. ‚Nanu?' Ihr Freund wird sich wundern. ‚Das hat doch bisher immer geklappt. Wo bleibt mein Leckerchen?' Er wird Sie wahrscheinlich fragend anschauen. Auf diesen Moment haben Sie gewartet. Bestätigen Sie jetzt seinen Blickkontakt. Es geht darum, dass Ihr Hund sich bewusst von der Katze abwendet. Der Stubentiger beginnt, langweilig für ihn zu werden. Sie dagegen werden wichtig, Sie gewinnen an Bedeutung. Das ist genau das, was Sie haben wollen. Nach weiteren Übungen wird Ihr Fellfreund gleich zu Ihnen schauen. Er wird die Katze nur noch soweit beachten, dass er Sie anschaut und sein Leckerchen einkassiert. Sie sind jetzt viel interessanter als diese dämliche Katze.

Welcher Auslöser für Aggression es auch immer bei Ihrem Hund ist, gehen Sie ebenso langsam in Einzelschritten vor. Geben Sie Ihrem Freund keinen Grund, sich aufzuregen oder aggressiv zu werden. Bringen Sie ihn langsam in eine positive Grundhaltung, also weg vom Stress.

Ist Ihr Hund ernsthaft aggressiv, sodass eine akute Bedrohung für andere Tiere oder Menschen besteht, suchen Sie umgehend einen darauf spezialisierten Trainer auf. Normale Hundeschulen sind oft überfordert und helfen nicht wirklich weiter. Tun Sie das, bevor die Situation eskaliert und jemand zu Schaden kommt. Glauben Sie nicht, dass nur große Hunde gefährlich werden können. Ich kannte einen Jack Russell Terrier, der seinem Frauchen einen Finger abgebissen hat. Eine Verhaltenstherapie bei einem Spezialisten hat den beiden geholfen.

Der Ängstliche

Manche Hunde haben einfach vor allem Angst: vor fremden Menschen, anderen Hunden, lauten Geräuschen, neuen Situationen. Einige haben schlechte Erfahrungen gemacht, bei anderen liegt es in ihrem Wesen, ängstlich zu sein.

Ihr ängstlicher Vierbeiner braucht mehr wie alle anderen einen geregelten Tagesablauf. Es beruhigt ihn, wenn alles so ist, wie immer. Alles Fremde ist ganz furchtbar. Warum und wovor Ihre Fellnase auch Angst hat, helfen Sie ihm, sie zu überwinden. Geben Sie ihm Sicherheit. Strahlen Sie so viel Ruhe und Geborgenheit aus wie möglich. Fühlt er sich bei Ihnen sicher, kommt er zu Ihnen, wenn er Angst hat. Andernfalls verkriecht er sich irgendwo. Dann müssen Sie schleunigst daran arbeiten, Vertrauen aufzubauen.

Ein Beispiel: Sie sind mit Ihrem Freund draußen unterwegs. Ihnen kommt ein Mann mit einer Sackkarre entgegen. Die Sackkarre ist mit Kartons voll beladen. Die Reaktion Ihres Hundes: ‚Oh Schreck! Was ist das? Hab ich noch nicht gesehen! Ich will hier weg!' Was tun Sie jetzt? Zerren Sie ihn weiter mit dem Kommentar: „Nun stell dich nicht so an, ist nur eine Karre mit Kartons." Oder weichen Sie großräumig aus, damit Ihr Freund keine Angst hat? Sie könnten ihn auch mit Leckerchen daran vorbei füttern. In der ersten Version setzen Sie Ihren Vierbeiner enorm unter Stress. Er hat Angst. Sie zerren ihn gnadenlos zum Auslöser dieser Angst. Das wird sein Vertrauen in Sie nicht gerade stärken. Seine Angst wird bestimmt nicht weniger. Weichen Sie aus oder überschütten ihn mit Leckerchen, kommt Ihr Freund unweigerlich zu dem Schluss, dass da wirklich etwas nicht stimmen muss. Wenn Sie sich so vorsichtig verhalten, muss das Teil gefährlich sein. Seine Angst ist also berechtigt. Sie bestätigen ihn noch darin.

Versuchen Sie Folgendes: Sie gehen ein wenig zur Seite, um Platz zu machen. Dann bleiben Sie ganz ruhig stehen und lassen Ihren Fellfreund schauen. Er darf sich in Ruhe anschauen, was da kommt. Stören Sie ihn nicht dabei. Die meisten Leute meinen es gut und wollen

Ihren Hund beruhigen, indem sie ihn streicheln oder gut zureden. Das sollten Sie auf keinen Fall tun. Auch damit bestärken Sie ihn in seiner Angst.

Sprechen Sie lieber den Mann an. Fragen Sie ihn freundlich, ob er einen Moment stehen bleiben kann. Tut er es, warten Sie, ob Ihre Fellnase mutig genug ist, einen oder zwei Schritte in Richtung Karre zu gehen. Helfen Sie ihm, gehen Sie hin und fassen Sie einen der Kartons an. Ihren Hund haben Sie an langer Leine. Er muss nicht mitkommen. Kommt er, bekommt er jetzt eine Belohnung. Er hat seine Angst erfolgreich überwunden. Kommt er nicht, lassen Sie ihn. Gehen Sie wieder zu ihm zurück und setzten Sie Ihren Weg fort, als wäre nichts geschehen. Vergessen Sie nicht, sich bei dem netten Mann zu bedanken.

Machen Sie Ihren Freund mit möglichst vielen fremden Situationen vertraut. Achten Sie dabei auf seine Signale. Deutet er an, dass er Angst hat, gehen Sie einen Schritt zurück. Er soll lernen, Ihnen zu vertrauen und sich bei Ihnen wohlfühlen. Das kann er nicht, wenn Sie ihm Angst machen oder er Dinge tun muss, vor denen er sich fürchtet.

Gibt es bestimmte Angstauslöser, die immer da sind oder häufig wiederkehren? Dann können Sie Ihren Fellfreund darauf desensibilisieren. Er lernt Stück für Stück, dass er vor diesem Ding und in diesem speziellen Moment keine Angst zu haben braucht. Gehen Sie dazu so vor, wie in dem Beispiel mit der Katze unter dem Punkt „Der Aggressive".

Gerade ängstliche Hunde reagieren gut auf Lob und Bestätigung. Sie wissen dann, dass sie es richtig gemacht haben. Das gibt ihnen Sicherheit und Selbstvertrauen. Bestätigen Sie Ihren Angsthasen ausgiebig. Mit gestärktem Selbstvertrauen kann er sich der nächsten furchtbaren Begegnung besser stellen. Sie ist dann nicht mehr ganz so furchtbar.

Hat Ihr Freund Angst vor lauten Geräuschen, Silvesterknallern oder Gewitter? Im Handel gibt es CDs, mit verschiedenen Geräuschen. Suchen Sie sich die für Sie passende heraus. Spielen Sie die Geräusche zuerst ganz leise bei entspannten Gelegenheiten: beim Kuscheln auf dem Sofa, beim Fressen, beim Spielen. Lassen Sie die CD langsam lauter werden und gehen Sie behutsam vor. Zeigt Ihr Freund Unruhe, machen Sie wieder leiser. Er soll sich nicht bedroht fühlen. Die Geräusche sollen einfach zum normalen Hintergrundrauschen werden, die man nicht beachten muss. Wollen Sie Ihrem Vierbeiner die Angst vor der Silvesterböllerei nehmen, fangen Sie am besten schon im Sommer damit an. Am 30.12. ist es definitiv zu spät.

Finden Sie heraus, was Ihre Fellnase beruhigt. Oft sind es langsame, lange Streichelbewegungen oder eine leise Stimme. Nutzen Sie das in Momenten der Zweisamkeit. Es verstärkt die Bindung zu Ihrem Fellfreund, denn er fühlt sich bei Ihnen geborgen.

Vor Jahren hatte ich eine Mix-Hündin. Sie hieß Lilly und war ein Second-Hand-Hund. Das Einzige, das sie als Welpe und Junghund gesehen hatte, war ihr Hof. Entsprechend scheu und ängstlich war sie. Sie hatte eigentlich vor allem Angst, sogar vor der Dunkelheit. Das fand ich durch einen Zufall heraus. Gleichzeitig fand ich heraus, wie ich sie beruhigen kann.

Eines Abends im Herbst, es war schon dunkel, stand ich in der offenen Tür zum Hof. Ich summte leise vor mich hin, wie man das eben manchmal so macht. Da merkte ich, dass mein normalerweise aufgeregtes und nervöses Fellknäuel neben mir saß. Sie saß ganz ruhig da und schaute mich an. In ihrem Blick lagen Geborgenheit, Sicherheit und ein wenig Verwunderung. So kannte ich meine Kleine gar nicht. Ein wunderschöner Moment für uns beide und ein Schlüsselerlebnis. Mein Summen beruhigte sie.

Es gibt Hunde, die drücken ihre Angst aus, indem sie aggressiv werden. Sie kennen Ihren Hund inzwischen sehr gut und können seine Körpersprache deuten. Daher werden Sie wissen, ob er aus Angst heraus zuschnappt oder weil er wirklich aggressiv ist. Ein ängstlicher Hund macht sich klein, sein Gewicht liegt mehr hinten. Seine Rute klemmt zwischen den Hinterbeinen. Die Rute ist ein ganz deutliches Zeichen, auch wenn das Gesicht knurrt und er Zähne zeigt. Ist der Hund aggressiv, macht er sich groß und sein Schwerpunkt liegt vorn. Seine Rute steht starr und aufrecht nach oben.

Der Hypersensible

Hypersensible Hunde werden von der Reizüberflutung ihrer Umwelt „erschlagen". Normale Hunde oder auch Menschen filtern unbewusst Reize aus, die keine oder nur geringe Bedeutung haben. Sie nehmen sie nicht wahr.

Ein Mensch, der in der Großstadt lebt und dort aufgewachsen ist, nimmt den Lärm der Autos, die vielen Menschen oder die schrill bunte Reklame, bewusst nicht wahr. Das alles gehört für ihn zum Hintergrundrauschen und ist in seinen Augen bedeutungslos. Sein Gehirn verarbeitet es nicht.

Ein Landbewohner, der zum ersten Mal in eine große Stadt kommt, wird von alldem völlig überwältigt. Sein Gehirn versucht, die Unmengen an Informationen und Reizen zu verarbeiten. Das schafft es oft nicht und ist völlig überfordert.

Bei einem Stadtmenschen sortieren Filter die unwichtigen Reize heraus. Sie kommen erst gar nicht im Gehirn an. Bei dem Landmenschen fehlen diese Filter. Sein Gehirn wird mit allen Reizen überflutet.

So ähnlich geht es Ihrem hochsensiblen Hund. Bei ihm fehlen ebenfalls die Filter, die unwichtige Reize herausfiltern. Auch er wird ständig mit einer Flut an Informationen, Geräuschen oder Gerüchen überschwemmt. Ihr hochsensibler Vierbeiner ist nicht dazu in der Lage, aus den vielen Gerüchen oder Geräuschen ein oder zwei herauszufiltern. Für einen Hund ist das eigentlich kein Problem. Fährtensuchhunde folgen einer bestimmten Spur über Kilometer, bei jedem Wetter. Eine Fellnase, die hochsensibel auf Gerüche reagiert, kann das nicht. Er kann sich nicht auf diesen einen Geruch konzentrieren.

Bei normalen Hunden sind die Filter angeboren. Warum sie bei einigen Exemplaren fehlen, hat die Wissenschaft noch nicht vollständig geklärt. Es haben sich drei Gründe herauskristallisiert. Hypersensibilität kann genetisch bedingt sein, durch traumatische Ereignisse im Leben des Hundes entstanden sein oder es liegt an ungenügender bzw. fehlender Sozialisierung im Welpenalter.

Ist Ihr Freund davon betroffen, dann ist es so. Es liegt in seinem Wesen. Hypersensibilität können Sie nicht heilen oder abtrainieren. Aber Sie können Ihrem Freund helfen, sich zu entspannen und die Reizüberflutung besser zu ertragen. Geben Sie ihm Geborgenheit.

Zuerst gilt es herauszufinden, worauf Ihre Fellnase hochsensibel ist. Manchmal sind alle Sinne betroffen, teilweise auch nur einer oder zwei. Die Symptome, die anzeigen, ob Ihr Freund an Reizüberflutung leidet, sind vielschichtig. Lärmempfindliche Tiere reagieren schon, wenn Sie den Mixer oder Staubsauger anschalten. Sie versuchen, sich zu verstecken. Reagiert Ihr Vierbeiner sensibel auf Berührungen, lässt er sich nicht gern anfassen. Er versucht, es zu vermeiden. Oft legen sich die Fellnasen ungern auf kalte Böden. Sie brauchen eine Decke.

Das kann so weit gehen, dass die Tiere gesundheitliche Probleme bekommen. Hypersensibilität kann sich in Unverträglichkeit gegen bestimmte Futtermittel, Erkrankungen des Magen-Darm-Traktes, Allergien oder ständiger Müdigkeit äußern. Sie kann auch ein Auslöser für Aggression sein. Das passiert, wenn Ihr Vierbeiner einfach genug hat und er meint, den einströmenden Reizen nicht anders entkommen zu können.

Ihr Hund steht ständig unter Reizüberflutung. Das führt zu einer übermäßigen Ausschüttung der Stresshormone, die das eh schon überlastete Gehirn in seiner Funktion noch weiter einschränken.

Deshalb ist das oberste Gebot: Schaffen Sie so viel Ruhe, wie möglich. Sorgen Sie für einen geregelten Tagesablauf und mehrere Rückzugsorte. Ihre Fellnase muss jederzeit mindestens einen dieser Rückzugsorte aufsuchen können, um abzuschalten. Hat er sich seinen Ruheort selbst ausgesucht, lassen Sie ihn dort. Machen Sie es ihm so bequem wie möglich. Offensichtlich fühlt er sich dort sicher.

Die Praxis hat gezeigt, dass sich Hunde in höhlenartigen Unterkünften am sichersten fühlen. So ein Ort ist seine Box. Haben Sie eine offene Gitterbox, hängen Sie eine Decke oder ein Handtuch darüber. Gedämpftes Licht beruhigt, Umweltreize bleiben wenigstens teilweise draußen.

Wie Sie es schaffen, Ihren Vierbeiner ohne Stress in seine Box zu schicken, lesen Sie im Abschnitt „Bellen aus Unsicherheit“. Lassen Sie seine Box zu einer Quelle von Ruhe und Wellness werden.

Schließen Sie ruhig die Tür. Sie sperren Ihren Fellfreund nicht ein, sondern geben ihm Sicherheit. Mit dem Schließen der Tür nehmen Sie ihm die Entscheidung ab, wieder herauszukommen. Denken Sie daran, dass er extrem aufgeregt ist. Eventuell weiß er gerade nicht, ob er liegen oder herumlaufen soll. Sein Gehirn hat einen Aussetzer. Helfen Sie ihm.

Schicken Sie ihn ins offene Körbchen, wird er wahrscheinlich relativ schnell wieder aufstehen. Er ist einfach zu aufgeregt. Dann müssen Sie ihn wieder schicken, er steht wieder auf usw. Das beruhigt ihn mit Sicherheit nicht. Im Gegenteil, Sie bauen noch mehr Stress auf. Außerdem ist er in einem offenen Bettchen den Umweltreizen weiter voll ausgesetzt. Er kann nicht loslassen.

Stören Sie ihn in seiner Box nicht. Sie sollten sich nicht davorsetzen und ihn streicheln oder auf ihn einreden. Das nervt nur noch mehr, denn eigentlich sucht er Ruhe. Kommt er zu Ihnen, dürfen Sie ihn selbstverständlich ausgiebig streicheln (langsam und bedächtig) und ihm eine Geschichte erzählen. Eine beruhigende Stimme kann Wunder wirken.

Ist er in seinem Körbchen verschwunden, geben Sie ihm eine Weile Zeit für sich. Dann können Sie ihm die Geschichte auch erzählen. Nur aus der Entfernung. Halten Sie sich ganz selbstverständlich im selben Raum auf. Wischen Sie Staub oder machen Sie etwas anderes ganz Alltägliches. Kümmern Sie sich nicht bewusst um Ihren Fellfreund, das möchte er jetzt nicht. Tun Sie so, als würden Sie sich mit sich selbst unterhalten. Das zeigt Ihrer Fellnase, dass Sie da sind. Er wird nicht bedrängt, aber er ist nicht allein. Das gibt ihm ein wenig Sicherheit und er kann entspannen.

Vermeiden Sie Dinge, von denen Sie wissen, dass sie Ihrem Freund unangenehm sind. Reagiert er auf Gerüche, verzichten Sie auf Duftkerzen oder stark parfümierte Reinigungsmittel.

Schicken Sie ihn aus dem Raum, bevor Sie den Mixer oder die Küchenmaschine anschalten. Machen Sie auf Ihren Spaziergängen einen Bogen um laute Orte. Gehen Sie zum Beispiel nur an einer Schule vorbei, wenn dort gerade Unterricht ist und meiden Sie Pausen.

Möchte Ihr Hund nicht angefasst werden, dann lassen Sie es. Akzeptieren Sie, dass es so ist. Deshalb ist er trotzdem ein toller Kerl und Ihr bester Freund.

Bo, eine Mischlingshündin, tolerierte teilweise, dass ihr Mensch sie anfasste. Manchmal wollte sie sogar ein wenig gestreichelt werden. Fremde durften sie auf keinen Fall berühren. Problematisch war, dass sie sich strikt weigerte, sich ein Halsband oder Geschirr anziehen zu lassen. Wir probierten Unmengen an verschiedenen Geschirren. Nichts funktionierte. Sowie ihr Mensch damit in ihre Nähe kam, fing sie an, panisch zu quietschen und versteckte sich. Ein Halsband war nicht ganz so schlimm. Nur war es keine wirkliche Alternative. Ihr Kopf war nicht wesentlich breiter, als ihr Hals. Einmal gekonnt geschüttelt und weg war es. Den Bogen hatte sie schnell heraus. Also musste es doch ein Geschirr sein. Wir entschieden uns für ein leichtes, extra weich gepolstertes Modell. Es konnte auf keinen Fall drücken oder scheuern und war einfach anzuziehen. Nun folgten wochenlange mühsame Kleinarbeit mit Bergen von Käse und hartgekochten Eiern. Dann verkroch sie sich beim Anblick des Geschirrs nicht mehr. Der erste Schritt war geschafft. Dass sie den Kopf durchstecken musste, war gar nicht so schlimm. Das machte sie relativ schnell. Der nächste Stolperstein war der Gurt. Er musste unter ihrem Bauch durchgezogen werden und wurde dann mit einer Schnalle befestigt. Dieser Gurt war für Bo ganz, ganz furchtbar. Ihr Menschenfreund hat es mit extra viel Geduld, noch sehr viel mehr Käse und ruhigen Worten irgendwann geschafft. Ist die Schnalle endlich zugeklickt, ist die Welt der sensiblen Hündin wieder in Ordnung. Mit dem Tragen des Geschirrs hat sie kein Problem, nur das Anziehen findet sie unangenehm. Inzwischen zieht Bo ihr Geschirr zwar nicht mit Begeisterung an, aber sie akzeptiert es.

Geben Sie Ihrem Fellfreund nach aufregenden Erlebnissen ausreichend Zeit, sich zu erholen. Animieren Sie ihn, zu trinken oder geben Sie ihm Trockenfleisch oder Pansen zum Kauen, denn beides beruhigt.

Denken Sie immer daran, dass sich Ihr Freund nicht lange konzentrieren kann. Machen Sie mit ihm extra kurze Übungseinheiten. Ihr hypersensibler Vierbeiner braucht ganz, ganz viel Lob und Bestätigung. Entscheidend ist, dass Sie es schaffen, in allen Situationen gelassen zubleiben. Ihr sensibler Hund reagiert noch viel, viel mehr auf Ihre Stimmung als ein normaler. Er nimmt ihre Aufregung noch zusätzlich zu seiner eigenen auf.

Merken Sie, dass sich die Stimmung hochschaukelt, gehen Sie mit Ihrem Vierbeiner aus der Situation. Egal, was andere Menschen darüber denken mögen. Die innere Verfassung und die Gesundheit Ihres Fellfreunds sind wichtiger.

Der Auf-und-Davon-Drauflosstürzer

Sie leinen Ihren Freund ab oder lassen ihn aus dem Auto – und weg ist er? Das liegt dann daran, dass er bei Ihnen keinen Spaß hat und es überall anders interessanter ist als bei Ihnen. Damit er in Ihrer Nähe bleibt, müssen Sie ihm etwas bieten. Machen Sie sich wichtig, gestalten Sie die Spaziergänge abwechslungsreich. Ändern Sie die Richtung. Machen Sie kehrt und marschieren Sie zielstrebig in die entgegengesetzte Richtung.

Laufen Sie Ihrer Fellnase hinterher und rufen vielleicht noch, dann ist für ihn alles in Ordnung. Ihr Fellfreund fühlt sich in seinem Tun bestätigt. Es muss richtig sein, was er macht. Er hat Spaß, Sie kommen hinterher und schenken ihm dann die volle Aufmerksamkeit. ‚Das ist doch wunderbar, das machen wir morgen gleich noch einmal', wird er sich denken.

Folgen Sie ihm nicht und drehen Sie kommentarlos um, steht seine Welt plötzlich auf dem Kopf. Er ist allein, Sie kümmern sich nicht um ihn. Das wird ihm nicht gefallen. Er wird, so schnell ihn seine Hundebeine tragen, zu Ihnen aufschließen. Eine Belohnung bekommt er dafür nicht. Ihre Anwesenheit (er ist nicht mehr allein) ist Bestätigung genug. Würden Sie ihn belohnen, käme Ihr Schlaumeier sehr schnell auf die Idee, wieder wegzulaufen. Warum? Ganz einfach: Wenn er zurückkommt, gibt es eine Belohnung!

Teilen Sie Ihrer Fellnase mit, dass Sie auf Spaziergängen wichtig sind. Dass es sich für ihn lohnt, auf Sie zu achten. Bieten Sie ihm Unterwegsspiele an. Sie können ihn um einen Baum herum laufen lassen. Stellen Sie sich dazu direkt vor den Baum. Er sollte nicht allzu dick sein, Sie müssen ihn mühelos umarmen können. Zeigen Sie mit Ihrem rechten Arm und Ihrer rechten Hand zum Baum. In der Hand ist ein Leckerchen. Die Hundenase wird dem Leckerchen folgen. Ist die Nase ein Stück um den Baum herum, greifen Sie mit Ihrem linken Arm um den Baum. Das Leckerchen wechselt von der rechten in Ihre

linke Hand. Ziehen Sie die linke Hand zurück, kommt Ihr Fellfreund hinterher. Jetzt darf er das Goodie fressen.

Dieses Spiel lernen die Hunde schnell. Nach einigen Wiederholungen zeigen Sie mit der leeren rechten Hand zu Baum. Das Leckerchen ist nur noch in Ihrer linken Hand. Als Nächstes bleibt Ihre linke Hand immer weiter zurück. Schließlich brauchen Sie nur noch mit der rechten Hand zeigen und Ihr Fellfreund läuft allein um den Baum. Wechseln Sie die Hände. Zeigen Sie mit der linken Hand eventuell ein wenig auf die linke Seite des Baumes. Jetzt läuft Ihr Vierbeiner andersherum um den Baum. Klappt es auf beiden Seiten, gehen Sie einen Schritt zurück, dann zwei Schritte, drei Schritte bis soweit Sie wollen. Je weiter Sie vom Baum entfernt stehen, umso schwieriger wird es für Ihre Fellnase. Als Stimmsignal können Sie „Außen“ oder „Herum“ verwenden.

Finden Sie zwei Bäume, die nebeneinanderstehen, können Sie ihn in einer Acht um beide Bäume schicken.

Liegt ein Baumstamm neben dem Weg, lassen Sie Ihren Freund darauf balancieren oder drüber springen. Laufen Sie mit ihm zusammen über den Stamm.

Ein Baumstumpf oder ein großer Stein laden dazu ein, ihn als Podest zu nutzen. Ihr Freund kann darauf stehen oder sitzen.

Lassen Sie Ihre Fellnase „Sitz“ oder „Platz“ machen. Gehen Sie einige Schritte, drehen Sie um und gehen wieder zurück zu ihm oder rufen Sie ihn zu sich.

Ist Ihr Freund sehr aufgeregt, warten Sie mit dem Ableinen, bis er sich beruhigt hat. Machen Sie einige der Spiele, wie unter „Der Leinenzieher“ beschrieben. Das lenkt ihn ab und beruhigt.

Bevor Sie die Leine abmachen, lassen Sie ihn „Sitz“ machen. Ist die Leine ab, bleibt er noch sitzen. Erst auf Ihr Auflösungssignal hin darf er aufstehen. Das sollte zu einem Ritual werden. Schauen Sie ihn an. Wirkt er wie eine Rakete auf der Abschussrampe? Dann bleibt die Leine dran. Gehen Sie einige Meter weiter und versuchen Sie es erneut.

Lassen Sie ihn öfter „Sitz“ machen, ohne dass Sie vorhaben, ihn abzuleinen. Dann weiß er nie, was passiert. Damit lösen Sie die Kette: Ich sitze – ich werde abgeleint – ich rase los.

Wollen Sie Ihren Vierbeiner aus dem Auto lassen, leinen Sie ihn erst an. Dann öffnen Sie die Autotür. Das tun Sie nur, wenn Ihr Fellfreund ruhig ist. Macht er schon im Auto den Affen, bleibt die Tür zu. Warten Sie so lange, bis er sich beruhigt hat. Planen Sie viel Zeit und Geduld

ein. Es kann sein, dass es eine Weile dauert. Tun Sie nichts, warten Sie einfach, eventuell können Sie eine Zeitung lesen.

Ihr Vierbeiner soll lernen, dass ihn sein Verhalten nicht zum Ziel führt. Er bekommt keine Aufmerksamkeit (Sie beschäftigen sich mit Ihrer Zeitung, nicht mit ihm.) und die Tür bleibt zu.

Verhält er sich ruhig, bekommt er, was er möchte. Die Tür geht auf. Er ist an der Leine. Bleibt er gelassen, leinen Sie ihn ab. Dreht er draußen wieder auf, bleibt die Leine dran.

Damit Ihr Freund ein wenig mehr Freiraum hat, verwenden Sie eine Schleppleine. Das ist eine lange Leine, die am Hund befestigt wird. Es gibt sie in verschiedenen Längen und Materialien. Wählen Sie eine, die zu Ihrem Hund passt. Für kleine Rassen sollte sie nicht länger als 10 Meter sein und aus leichtem, dünnem Kunststoff bestehen. Die Leine schleift die meiste Zeit auf dem Boden. Ist es nass, saugt sie sich voll und wird schwer. Textil- oder Lederleinen können wirklich sehr schwer werden, zu schwer für einen kleinen Hund. Kunststoffleinen sind zu Hause schnell ausgespült und trocknen rasch.

Sinn der Schleppleine ist es, dass sich Ihr Vierbeiner zwar frei bewegen kann, Sie aber die Kontrolle nie ganz aus der Hand geben. Er kann sich nur so weit entfernen, wie die Leine es zulässt. Falls Sie mit einer solchen arbeiten möchten, sollte Ihr Hund ein Brustgeschirr tragen. Es kann passieren, dass er unerwartet durchstartet. Er erreicht in den 10 Metern bereits eine erstaunliche Geschwindigkeit. Und plötzlich ist die Leine zu Ende! Das gibt einen ordentlichen Ruck. Mit Geschirr kann er ihn besser kompensieren, als am Halsband. Auch Sie sollten sich auf diesen Ruck vorbereiten.

Anfangs ist es besser, Ihrer Fellnase noch nicht die ganze lange Leine zu lassen. Er muss erst lernen, dass er nicht weit kommt, bevor unweigerlich ein unangenehmer Ruck folgt. Ist die Leine nicht so lang, ist der Ruck nicht so heftig.

In der Anfangszeit halten Sie die Leine noch in der Hand. Hat sich Ihr Vierbeiner daran gewöhnt, lassen Sie sie auf dem Boden schleifen. Bei Bedarf treten Sie auf das Ende, dann kann Ihr Stürmer nicht weiter.

Zeitgleich sollten Sie daran arbeiten, einen sicher funktionierenden Rückruf zu trainieren. Die Schleppleine mag ein Anfang sein, aber sie ist definitiv nicht das Ende aller Weisheit.

Um den Rückruf aufzubauen, fangen Sie zuhause an. Ihr Freund ist dicht neben Ihnen, ob mit Leine oder ohne ist egal. Überlegen Sie sich vorher ein Signal. Den Namen Ihrer Fellnase sollten Sie nicht verwenden. Er wird im Alltag häufig benutzt und er soll ja nicht immer zu Ihnen kommen. Häufig ist es „Hier“ oder „Hierher“.

Geben Sie das Signal und schieben Sie Ihrer Fellnase ein Leckerchen in die Schnauze. Das wird er toll finden und genau das ist es, was Sie wollen. Er soll das Signal mit etwas Positivem verknüpfen. Das wiederholen Sie zehn bis zwanzig Mal. Am nächsten Tag spielen Sie das Spiel noch einmal.

Dann entfernen Sie sich langsam von Ihrem Vierbeiner. Erst einen Schritt. Auf Ihr Signal hin wird er kommen, um sich sein Goodie abzuholen. Dann darf er wieder gehen.

Aus dem ersten Schritt werden nach und nach mehrere Schritte. Arbeiten Sie mit Ihrem Hund zusammen, in seinem Tempo. Es ist hierbei entscheidend, dass er jeden Schritt versteht. Gehen Sie nicht zu schnell vor. Sie haben alle Zeit der Welt. Für Ihre Spaziergänge haben Sie die Schleppleine. Überstürzen Sie nichts.

Zusätzlich zum Hörsignal können Sie jetzt ein Sichtzeichen einführen. Lehnen Sie sich zurück und breiten Sie einladend die Arme aus. Dieser optischen Einladung kann niemand widerstehen.

Klappt der Rückruf in der Wohnung und im Garten, kommt erste Ablenkung dazu. Ein weiterer Mensch hält sich in der Nähe auf, Spielzeug liegt herum oder ein Kind fährt mit dem Fahrrad am Zaun vorbei.

Funktioniert auch das, fangen Sie an, auf Ihren Spaziergängen zu üben. Anfangs auf Streckenabschnitten, wo nicht viel passiert. Straßenverkehr oder normale Passanten sind ein guter Start. Beginnen Sie hier wieder mit kurzem Abstand zum Hund.

Der Abstand zum Vierbeiner und die Ablenkungen werden immer größer. Nach und nach arbeiten Sie sich bis zur Länge der Schleppleine vor. Kommt Ihr Vierbeiner hier zuverlässig zurück, sind Sie einen großen, einen ganz großen Schritt weiter. Trainieren Sie auf eingezäuntem Gelände auch weitere Strecken. Wiederholen Sie immer wieder, bis die Schleppleine nur noch als Zierde auf dem Boden mitschleift und Sie sie eigentlich nicht mehr brauchen.

Jetzt sind Sie beide soweit, die Schleppleine langsam auszublenden. Würden Sie sie einfach weglassen, könnte Ihr Fellfreund einen Rückschlag erleiden. Das muss nicht sein, kommt aber in der Praxis leider sehr häufig vor. Ihr Vierbeiner fühlt sich ohne das lästige Ding frei und geht wieder stiften. Er weiß genau, dass Sie ihn ohne das Teil nicht mehr kontrollieren können.

Deshalb sollten Sie auch hier langsam und mit Bedacht vorgehen. Schneiden Sie einfach einen Meter ab. Das ändert noch nicht viel, ist aber ein erster Schritt. Funktioniert der Rückruf weiterhin, kürzen Sie die Leine immer weiter, bis nur noch ein Stummelchen übrigbleibt. Dieses letzte Stummelchen ist das alles entscheidende, auch wenn es nur noch 20 cm lang ist. Solange es am Geschirr baumelt, fühlt sich Ihre Fellnase unter Kontrolle. Es ist der letzte Zwirnsfaden. Können Sie ihn weglassen und der Rückruf funktioniert immer noch? Herzlichen Glückwunsch! Sie haben alles richtig gemacht. Falls Ihr Schlawiner doch noch einmal losrennt, können Sie ihn nun einfach zurückrufen.

Der Ungeduldige / Die Nervensäge

Ihr Hund kann es kaum abwarten, bis es endlich losgeht. Der Spaziergang, Aufmerksamkeit, das gemeinsame Spiel, die Kuschelstunde oder der gefüllte Futternapf sind die Höhepunkte in seinem Tagesablauf. Es sind angenehme Höhepunkte und angenehme Dinge hat er gern und er sehnt sie herbei. Ihr Vierbeiner tut alles, um so schnell wie möglich so viel wie möglich davon zu ergattern.

Der Weg zu diesen Annehmlichkeiten führt über Sie. Ihr Fellfreund braucht lediglich Sie zu überzeugen und schon hat er, was er möchte. Das hat Ihr Schlaumeier längst herausgefunden und in der Vergangenheit zu seinem Vorteil ausgenutzt.

Die Art und Weise, wie er Sie „überredet", ist individuell verschieden. Manche versuchen es mit Bellen und Jaulen, andere mit nervösem Herumlaufen. Da schleppt Ihr Freund alle möglichen Spielsachen an, in der Hoffnung, eines davon wird Sie begeistern und zum Mitspielen animieren. Oder er bringt Leine und Geschirr bzw. postiert sich vor der Wohnungstür. Hilft das nicht, stupst er Sie an oder setzt Pfoten und Krallen ein. Beim Betteln am Tisch wird bevorzugt der Dackelblick eingesetzt.

Wie intensiv er in seinen Bemühungen ist, hängt davon ab, wie lange er dieses Verhalten praktiziert. Tut er es schon lange, ist es für ihn inzwischen normal geworden. Es wird schwer, ihn vom Gegenteil zu überzeugen.

Wie reagieren Sie, wenn Ihr Hund nervt? Versuchen Sie ihn mit Worten zu beruhigen? Nörgeln Sie ihn an: „Lass mich in Ruhe!", nehmen Sie ihm das Spielzeug weg oder geben Sie nach? Es ist völlig egal, wie Sie reagieren, es ist in jedem Fall falsch! Reagieren Sie, wie auch immer, bekommt Ihr Fellnase auf jeden Fall eines: Ihre Aufmerksamkeit. Das ist für ihn der erste Schritt zum Erfolg. Aus Erfahrung weiß er, dass er nur noch lange genug weiter nerven muss, um seinen Willen durchzusetzen.

Um diese Kette zu durchbrechen, müssen Sie Ihr Verhalten ändern. Erst dann ändert Ihr Hund sein Verhalten.

Der Weg zum Erfolg führt über viel Geduld und noch viel, viel mehr Konsequenz. Sie müssen unnachgiebig sein. Werden Sie nur einmal weich und geben nach, haben Sie verloren. Dann fangen Sie wieder von vorn an.

Fängt Ihre Nervensäge an, sein Programm abzuspulen, ignorieren Sie ihn. Das ist der einzige Schlüssel zum Erfolg. Ein Hintertürchen gibt es nicht.

Setzen Sie sich gemütlich hin und lesen Sie Zeitung oder ein Buch. Ihr Vierbeiner existiert nicht. Und wenn er noch so viele Spielzeuge und Leinen anschleppt, Sie bleiben ungerührt.

Sie schauen ihn nicht an, Sie sprechen ihn nicht an. Ihr Freund wird noch eine Weile nerven und dann aufgeben. Er hat keinen Erfolg mehr. Wahrscheinlich spielen Sie dieses „Ich-ignoriere-dich-wenn-du-nervst-Spiel“ noch mehrere Tage bis Wochen. Halten Sie durch, bis Ihr Freund merkt, dass sein Verhalten sinnlos ist. Erst, wenn Sie es möchten, gehen Sie spazieren, dann wird gespielt oder gekuschelt.

Mit einem festen Tagesrhythmus helfen Sie Ihrer Fellnase. Dann weiß er, wann es Zeit zum Spazierengehen oder Spielen ist und muss es nicht einfordern.

Nervt Ihr vierbeiniger Freund am Tisch durch ständiges Betteln, bekommt er nichts mehr. Von niemandem. Füttern Sie ihn, bevor Sie essen. Schicken Sie ihn so lange in sein Körbchen oder eine Box. Eventuell geben Sie ihm ein Stück Kauknochen oder Trockenfleisch. Dann ist er beschäftigt. Stellen Sie das Körbchen in die Nähe des Esstisches. Dann ist er mit dabei und muss nicht allein sein. Früher oder später wird er von sich aus in sein Körbchen gehen, wenn Sie sich zum Essen hinsetzen.

Der (Leinen)Pöbler

Hundebegegnungen unterwegs sind häufig für Ihre Fellnase ebenso stressig wie für Sie. Kommt Ihnen ein anderes Mensch-Hund-Team entgegen, wissen Sie, dass es gleich Ärger gibt. Ihr vierbeiniger Begleiter wird ausrasten, an der Leine zerren und wie verrückt bellen.

Sie werden nervös, unsicher, ängstlich – und das Schicksal nimmt seinen Lauf. Es passiert genau das, was Sie befürchtet haben.

Haben Sie sich schon einmal überlegt, dass Ihr Hund gar nicht anders reagieren kann?

Mit Ihrem Verhalten zwingen Sie ihn in eine Beschützerrolle und/oder Führungsposition, in der Ihr Freund gnadenlos überfordert ist. Arbeiten Sie deshalb zuerst an sich selbst. Lernen Sie in dieser Situation gelassen zu bleiben. Es ist alles in Ordnung. Da kommt ein anderer Hund, na und? Soll er doch. Was kann schon Schlimmes passieren? Wovor genau haben Sie Angst? Wenn er an der Leine ist, kann gar nichts passieren. Läuft er lose, bitten Sie den Besitzer durch Zuruf, ihn an die Leine zu nehmen.

Bis Sie soweit sind, meiden Sie Hundebegegnungen. Ändern Sie einfach die Richtung, wenn Sie sehen, ein anderer Hund kommt. Tun Sie das selbstbewusst und selbstverständlich. Das zeigt Ihrer Fellnase, dass Sie die Situation unter Kontrolle haben. Er braucht nicht einzugreifen.

Finden Sie heraus, bei welchem Mindestabstand Ihr Freund die ersten Anzeichen von Aggression/Unsicherheit/Stress zeigt. Ab sofort halten Sie diesen zu anderen Hunden ein. Ihr Freund soll keinen Grund haben, aggressiv zu reagieren. Finden Sie diesen Mindestabstand auch für sich selbst heraus. Sowie Sie merken, es geht nicht mehr, drehen Sie ab.

Wenn Sie möchten, binden Sie eine gelbe Schleife an die Leine Ihres Freundes. Inzwischen wissen viele Hundefreunde, dass sie sich diesem Hund aus den verschiedensten Gründen mit ihrem Vierbeiner nicht nähern sollten.

Im weiteren Verlauf gehen Sie so vor wie unter „Der Aggressive“ beschrieben.

Bestätigen Sie das stressfreie Anschauen des „Gegners“. Später belohnen Sie den Blickkontakt zu Ihnen. Als zusätzliche Belohnung können Sie die Richtung ändern oder einen Bogen einschlagen. Ihr Fellfreund macht die Erfahrung, dass er sich dem Unangenehmen, dem Gefährlichen oder dem Stressauslöser nicht nähern braucht. Sie bieten ihm eine Alternative an. Er muss nicht zwingend aggressiv reagieren. Es geht auch anders. Ihr Freund kann selbst etwas dafür tun, um das negative Gefühl zu vermeiden. Er braucht lediglich den anderen Hund zu ignorieren und Sie anzuschauen. Schon wandelt sich negativ in positiv.

Anschließend beginnen Sie, an der Distanz zu arbeiten. Lassen Sie den Abstand schrumpfen. Achten Sie darauf, dass weder Angst noch Stress aufkommen. Wird Ihr Vierbeiner oder Sie unruhig, vergrößern Sie den Abstand wieder. Dieser ganze Vorgang kann Wochen oder Monate dauern. Bleiben Sie dran, es lohnt sich!

Der Wildhetzer

Wild zu hetzen, ist das liebste Hobby vieler Hunde. Jagen liegt in ihrer Natur. Ihre wilden Vorfahren haben sich von der Jagd ernährt. Viele Rassen sind entstanden, weil der Mensch zuverlässige Begleiter und Helfer bei der Jagd brauchte. Der Jagdtrieb steckt noch heute in ihnen.

Nun kommen Sie ins Spiel und wollen Ihrem Freund erklären, dass Sie so ein Verhalten nicht billigen. Ein wohlerzogener Familienhund tut so etwas nicht, er soll es unterlassen. Das wird er nicht verstehen. Zudem macht ihm das Hetzen einen Heidenspaß. Warum soll er es aufgeben?

Auch hier ist die Antwort einfach: Weil es sich lohnt, weil Sie ihm mehr bieten, als eine wilde Hatz.

Das ist einfacher gesagt, als getan. Das Hetzten belohnt sich selbst. Obwohl Ihr Vierbeiner den Hasen wahrscheinlich nicht erwischt, hat er den Spaß. Dieser Spaß ist extrem hoch und kaum zu toppen. Sie müssen sich schon was einfallen lassen. Ein einfaches Leckerchen reicht bei weitem nicht aus, hier müssen Sie mehr auffahren. Einem Hund das Jagen abzugewöhnen, ist die Hohe Schule des Hundetrainings.

Ein Verhalten abzubrechen funktioniert am besten, wenn Sie so früh wie möglich eingreifen. Ist Ihre Fellnase bereits unterwegs, sind Gehirn und Körper im Jagdmodus. Alles andere nimmt er jetzt nicht wahr, denn seine Sinne sind auf die Beute gerichtet. Ihr Rufen kann er nicht hören.

Damit Sie Erfolg haben, müssen Sie ihn rufen, bevor er losläuft. Das klappt, indem Sie zwei Dinge gleichzeitig tun. Sie müssen die Gegend unauffällig im Auge haben, ob irgendwo Wild ist und Sie müssen Ihren Freund beobachten. Es kann sein, dass er das Reh vor Ihnen entdeckt. Merkt Ihr Jäger, dass Sie nervös die Umgebung absuchen, ist das für ihn ein Achtungssignal. Er weiß dann, dass da etwas sein muss und fängt seinerseits an, danach zu suchen. Ist tatsächlich Wild in der Nähe, wird er es wahrscheinlich als Erster bemerken. Seine Sinne sind empfindlicher, als Ihre. Dann haben Sie kaum noch eine Chance, zu reagieren. Er ist zu schnell.

Schauen Sie sich genau an, wie er bei Wildsichtung reagiert. Wie verändert sich sein Körper? Das geht sehr schnell, in Sekundenbruchteilen ist alles vorbei. Er saust los. Wahrscheinlich ist folgendes: Ihr Hund dreht sich in Richtung Wild. Manchmal wendet er dazu nur den Kopf in die Richtung. Dann erstarrt er und Körper, Kopf, Ohren und Augen sind allesamt auf das Wild gerichtet. Die Rute steht starr aufrecht.

Spätestens jetzt müssen Sie rufen. Verpassen Sie diesen Moment, haben Sie verloren.

Voraussetzung ist, dass Ihr Fellfreund den Rückruf perfekt beherrscht. Wie Sie ihn erarbeiten, finden Sie im Abschnitt „Der Auf-und-Davon-Drauflosstürzer“.

Damit bauen Sie die Grundlagen auf. Für den Rückruf beim Wild reicht das noch nicht aus. Wild ist eine enorme Ablenkung und erfordert viel Selbstkontrolle von Ihrem vierbeinigen Freund.

Wie am Anfang des Buches bereits geschrieben, können Sie den Rückruf von Hasen oder Rehen nur mit Hasen oder Rehen üben. Und es wird nur klappen, wenn die Grundlagen, der Rückruf in normalen Momenten, tadellos funktioniert. Das ist das Fundament, auf dem Sie jetzt aufbauen. Wackelt das Fundament, wackelt später das ganze Haus und eventuell stürzt es ein.

Üben Sie den Rückruf in allen erdenklichen Situationen. Können Sie Ihren Freund von einem lustigen Spiel mit seinem Hundekumpel abrufen? Klappt der Rückruf, wenn ein Familienmitglied um die Ecke kommt?

Beginnen Sie den Rückruf an Wild zu üben, sollte Ihr Vierbeiner eine Schleppleine tragen. Er darf sich nur soweit von Ihnen entfernen, wie die Schleppleine reicht. Damit haben Sie immer eine Notbremse zur Hand. Suchen Sie sich einen Weg aus, der viel von Hunden mit ihren Besitzern genutzt wird. Hier sind die Rehe an Hunde gewöhnt und haben eine geringe Fluchtdistanz. Sie bleiben stehen und schauen sich den Eindringling erst einmal an. Nur, wenn der Hund auf sie zuläuft, flüchten sie. Ein stehendes Reh ist für Ihren Jäger leichter zu ignorieren.

Finden Sie heraus, wo die Reizschwelle bei Ihrem Freund liegt. Wie weit können Sie an das Reh herangehen, bevor er reagiert? Diese Information ist wichtig für Sie. Rehe, die weiter weg sind, können Sie in Zukunft ignorieren. Ihr Hund beachtet Sie nicht und Sie brauchen ihn nicht zu rufen.

Der Ernstfall: Ein Reh steht auf dem Acker. Sie haben die Schleppleine in der Hand und rufen Ihren Freund. Reagiert er nicht und will zum Reh, halten Sie ihn mit der Leine zurück. Warten Sie, bis er sich beruhigt hat. Wahrscheinlich ist das Reh inzwischen weg und Sie setzen Ihren Weg fort.

Das nächste Mal sollten Sie Ihren Vierbeiner früher rufen. Je eher Sie ihn rufen, umso höher ist die Wahrscheinlichkeit, dass er reagiert.

Klappt der Rückruf, hat Ihr Freund eine riesige Belohnung verdient. Sie könnten ihm ein langweiliges Leckerchen geben, ihm den Kopf tätscheln und beiläufig erwähnen, dass er es gut gemacht hat. Mehr geht nicht, weil Sie gerade am Handy hängen. Glauben Sie ernsthaft, Ihr jagdbegeisterter Vierbeiner kommt beim nächsten Reh noch einmal zu Ihnen? Er hat gerade eine Höchstleistung vollbracht, er hat seinen Jagdtrieb erfolgreich besiegt. Dafür kann er mehr erwarten. Kommt er angesaust, empfangen Sie ihn mit offenen Armen. Je nach Größe Ihres Vierbeiners gehen Sie in die Hocke, um Ihren Helden gebührend zu begrüßen. Freuen Sie sich mit ihm. Werfen Sie ein Spielzeug (Lieblingsspielie) in die entgegengesetzte Richtung des Rehs. Wenn es quietscht, ist es besonders toll. Dem kann er nun hinterherrennen. Er bekommt seine Hatz und er hat Erfolg, denn er bekommt die Beute (das Spielzeug) noch obendrein. Spielen Sie einen Moment zusammen mit dem Spielzeug. Dann lassen Sie ihn seine Beute nach Hause tragen. Die meisten Hunde lieben das. Achten Sie darauf, dass er es nicht unterwegs irgendwo verliert. Lässt er es achtlos liegen, stecken Sie es ein. Jetzt gehört es wieder Ihnen. Es macht sich gut, wenn Sie für diesen speziellen Fall ein ganz besonderes Spielzeug aus der Tasche zaubern können. Genau dieses Teil gibt es ausschließlich als Bestätigung für das Abrufen von Wild.

Ist Ihr Fellfreund nicht mit Spielzeug zu begeistern, werfen Sie stattdessen etwas Fressbares. Es muss groß genug sein, dass Ihr Hund sieht, wie es fliegt, damit er es wiederfinden kann. Und es muss ein ganz tolles Fresschen sein. Es sollte nicht unbedingt ein Schweineohr oder ähnliches sein, auf dem er längere Zeit herumkaut. Sonst müssen Sie zu lange warten, bis er fertig ist.

Bei dem ganzen Aufstand, den Sie verursachen, wird sich das Reh inzwischen zurückgezogen haben. Ist es noch da, leinen Sie Ihren Freund an und gehen Sie daran vorbei. Machen Sie dabei die Übungen, wie unter „Der Aggressive“ im Beispiel mit der Katze. Ihr Freund wird lernen, das Reh zu ignorieren.

Kommen wir nun zur Königsdisziplin, dem Abrufen von einem flüchtenden Reh oder Hasen. Weglaufende, potenzielle Beute kurbelt den Jagdtrieb Ihres Fellfreundes so richtig an. Der Impuls hinterherzurennen und es zu erlegen, ist enorm.

Auch hier gilt wieder: Je früher Sie eingreifen, umso leichter fällt es Ihrem Freund. Spätestens, wenn er das Wild sieht, müssen Sie handeln.

Eventuell haben Sie Glück und der Rückruf funktioniert auch hier. Haben Sie ausgiebig an stehenden Rehen trainiert, kann es klappen. Den Erfolg feiern Sie wie oben beschrieben mit einer Siegerparty.

Bei harten Fällen, wenn es nicht funktioniert, schalten Sie vor den Rückruf ein Abbruchsignal. Dieses Abbruchsignal sagt Ihrer Fellnase, dass er das, was er gerade tut, sofort sein lassen soll. Im konkreten Fall soll er seine Aufmerksamkeit vom Reh abwenden. Ist er nicht mehr akut auf das Reh oder den Hasen fixiert, fällt es ihm leichter, auf Sie zu reagieren. Das Abbruchsignal holt ihn aus der Verhaltenskette. Sie wird unterbrochen, ein anderes Verhalten kann ausgeführt werden.

Ein Abbruchsignal zu etablieren, ist nicht schwer. Selbstverständlich fangen Sie mit einfachen Übungen an, bevor Sie sich an ein flüchtendes Reh wagen. Der Anfang ist ähnlich wie beim Rückruftraining. Überlegen Sie sich ein passendes Signal. „Nein“ sollte es nicht sein, weil Sie es im Alltag zu oft verwenden, besser sind „Lass“ oder „Stopp“. Sagen Sie das Signal und geben Sie Ihrem Freund sofort ein gutes Leckerchen. Sprechen Sie in einem freundlichen Ton, Ihre Fellnase soll das Abbruchsignal positiv verknüpfen. Er soll mit Freude und Begeisterung darauf reagieren. Umso leichter lässt er von dem unerwünschten Tun ab. Als nächsten Schritt sagen Sie das Signal, wenn Ihre Fellnase gerade nicht auf Sie achtet. Wendet er sich Ihnen zu? Dann bestätigen Sie ihn.

Jetzt wird es schwerer. Geben Sie das Signal zum Abbruch, wenn er mit etwas beschäftigt ist. Bestätigen Sie in dem Moment, in dem er sein Verhalten unterbricht. Schaut er Sie schon an, ist es zu spät. Er soll nicht lernen, Sie anzuschauen. Es genügt, wenn er mit dem aufhört, was er gerade macht. Bestätigen Sie, wenn er Sie anschaut, verbindet er die Belohnung mit dem Anschauen, nicht mehr mit seinem Verhalten vorher. Bestätigen Sie im richtigen Moment, weiß er, dass es richtig war, sein Verhalten zu unterbrechen.

Bieten Sie Ihrem Freund eine Alternative. Überlegen Sie sich vorher, was er machen kann. Das Alternativverhalten muss ihm Spaß machen und Sie sollten es hochwertig belohnen.

Haben Sie ihn erfolgreich davon abgehalten, ein flüchtendes Reh zu verfolgen, ist ein Bewegungs- oder Laufspiel die beste Alternative.

Schließlich musste er auf eine lustige Hatz verzichten. Wie oben beschrieben, lassen Sie ihn ein fliegendes Spielzeug fangen. Bringt er es zurück, werfen Sie es erneut. Je höher die Belohnung, umso leichter wird er sich in Zukunft abrufen lassen.

Das Abbruchsignal ist der erste Schritt. Es heißt nur, dass Ihr Vierbeiner sein Verhalten, sich auf das Reh zu konzentrieren und im nächsten Moment loszurennen, unterbricht. Wahrscheinlich wird er sich Ihnen zuwenden, eventuell auch nicht. Das ist individuell verschieden und unwichtig. Lesen Sie aus seiner Körpersprache. Das ist der große Moment. In genau diesem Moment muss Ihr Rückruf kommen. Jetzt ist er ansprechbar, jetzt haben Sie die größte Chance, dass er auf Sie reagiert. Klappt das alles mit Schleppleine, lassen Sie die Leine auf dem Boden schleifen. Dann können Sie anfangen, sie nach und nach abzuschneiden.

Der Zerstörer

Manche Hunde geraten in wahre Zerstörungswut, wenn sie aufgeregt sind. Da werden Kissen oder Bücher zerfetzt, Möbel angenagt, Schuhe oder andere Kleidungsstücke zerfressen.

Bringen Sie Ruhe in die Situation. Jetzt gereizt zu reagieren, wäre völlig falsch. Ihr Fellfreund würde nur noch mehr durchdrehen. Machen Sie ein paar Entspannungsübungen, ja, auch wenn es schwerfällt. Setzen Sie sich hin und machen Sie Atemübungen. Eventuell reicht das schon aus, um Ihren Vierbeiner aus seiner Raserei zu holen. Er wird sich wundern, warum Sie so ungewöhnlich reagieren. Er vermisst Ihr normales Schimpfen.

Falls er weitermacht, nutzen Sie das Abbruchsignal und bieten Sie ein Alternativverhalten an. Einem Nagezahn können Sie zum Beispiel einen Kauknochen oder ein Kauspielzeug geben. Spielen Sie noch einen Moment mit ihm damit. So machen Sie das Teil attraktiver. Es muss für Ihren Fellfreund so toll sein, dass er in Zukunft lieber darauf kaut, als an Teppichen oder Möbelbeinen.

Üben Sie einfache Tricks. Lassen Sie ihn in Achten um Ihre gegrätschten Beine laufen oder um Tisch- oder Stuhlbeine. Er kann Männchen machen, Pfötchen geben, eine Rolle oder sich auf die Seite legen. Es ist egal, was er macht, es muss ihm nur Spaß machen. Mehr Spaß, als sinnlos Sachen zu zerstören.

Der Nichtliegenbleiber

Gerade nervöse, unruhige Hunde haben oft Probleme, sich hinzulegen und ruhig liegenzubleiben.

Beginnen Sie damit, noch mehr Vertrauen aufzubauen. Vertraut Ihnen Ihr Vierbeiner, fällt es ihm leichter, sich hinzulegen. Er weiß dann, dass es ok ist, weil Sie es sagen und weil ihm nichts passieren wird.

Lassen Sie ihn bei den ersten Versuchen nach Sekundenbruchteilen wieder aufstehen. Nutzen Sie dazu nach dem „Platz" Ihr Auflösungssignal. Es muss unbedingt kommen, bevor Ihre Fellnase von selbst wieder aufsteht. Sie kennen Ihren Hund inzwischen. Sie sehen, wann es soweit ist. Handeln Sie einen winzigen Moment früher.

Lassen Sie ihn, wenn es geht, immer ein wenig länger liegen. Dieser Prozess wird sich über Wochen oder gar Monate hinziehen. Geben Sie Ihrer Fellnase die Zeit, die er braucht.

Legen Sie ihm ein altes ungewaschenes T-Shirt oder Pullover hin. Dort kann er sich drauflegen, denn das riecht nach Ihnen. Er wird sich sicherer fühlen und die Übung leichter bewältigen. Auch hilft es, sich direkt neben ihn hinzusetzen oder hinzustellen. Erst, wenn er sicher mehrere Minuten liegt und dabei entspannt ist, können Sie den ersten Schritt weggehen. Wird er unruhig und steht auf, war es noch zu früh. Bleiben Sie wieder bei ihm. Machen Sie nur einen ganz kurzen Schritt und kommen sofort zurück. Ist das noch zu viel, setzen Sie lediglich ein Bein nach vorn und gleich wieder zurück. Vielleicht heben Sie das Bein nur kurz an und stellen es wieder ab. So arbeiten Sie sich Stückchen für Stückchen vorwärts. Irgendwann liegt Ihr Hund und Sie können mehrere Schritte weggehen, eventuell sogar ins Nebenzimmer.

Bis es soweit ist, haben Sie einfach Spaß. Sie können mit Ihrem Freund zusammen sein. Genießen Sie diese Zeit. Ganz wichtig: Ist Ihr Fellfreund zwischendurch aufgestanden, legen Sie ihn einfach wieder hin. Für dieses erneute Hinlegen bekommt er keine Bestätigung. Dann würde er ständig aufstehen, nur um fürs erneute Hinlegen Leckerchen abzusahnen.

Der Boxenverweigerer

Die Grundlagen des Boxentrainings finden Sie unter „Bellen aus Unsicherheit".

Es gibt Hunde, die sich strikt weigern, in eine Box zu gehen. Sie sind ängstlich oder haben in der Vergangenheit schlechte Erfahrungen gemacht.

So ein Exemplar war Border Collie Loki. Im normalen Alltag war das kein Problem. Das Problem wurde akut, als sein Frauchen in die USA auswandern wollte. Das bedeutete Flugzeug und Flugzeug hieß für Loki, er muss in eine Box. Zwischen all den anderen Vorbereitungen versuchte seine Freundin immer wieder, ihn in eine Box zu bekommen. Diese halbherzigen Versuche schlugen fehl, sie verschlimmerten das Problem sogar noch. Loki entwickelte einen regelrechten Widerwillen gegen diese Box. Schlimm war, dass die Zeit langsam drängte. Das Flugzeug ging in 6 Wochen.

In ihrer Not wandte sich Lokis Frauchen an mich. Sie bat mich, ihn zu mir zu holen und ihn dazu zu bringen, in die Box zu gehen. Normalerweise nehme ich keine fremden Hunde auf. Ich fuhr zu den beiden, um mich vor Ort zu entscheiden. Was mich dort erwartete, änderte meine Meinung. Ein völlig neben sich stehendes Frauchen, mit einem neben sich stehenden Hund. Überall waren Spuren des bevorstehenden Umzugs. Mir war klar, dass Loki in dem Umfeld überhaupt nichts lernt. Also kam er doch mit zu mir.

Zuerst mussten wir uns besser kennenlernen. Wir spielten viel, gingen lange spazieren und fuhren Rad. Auch sonst hielt ich mich viel in seiner Nähe auf, ohne mich speziell um ihn zu kümmern. Der Hund war wie ausgewechselt, wesentlich ruhiger und ausgeglichener.

Die Box war natürlich auch mitgekommen. Sein gefüllter Futternapf stand gleich am ersten Tag seitlich daneben. Mit einem schrägen Seitenblick in Richtung Box ging Loki hin und fraß. Am zweiten Tag war

es schon selbstverständlich. Am dritten Tag hatte ich den Napf vor die offene Boxtür gestellt, in einem Abstand von etwa 50 cm. Es kostete einige Überwindung, bis Loki fressen ging. Als er sich überwunden hatte, schlang er das Futter so schnell wie möglich runter, bloß, um gleich wieder weg zu können. Der Napf blieb an der Stelle stehen. Loki wurde sicherer und er aß nicht mehr ganz so rasant.

Inzwischen hatte ich mich weiter mit ihm beschäftigt und ihm sogar einige Tricks beigebracht. Er konnte Bäume umrunden, durch Agility-Tunnel laufen und es machte ihm einen Heidenspaß, Frisbees zu fangen. Zwischendurch gab es Suchspiele, noch mehr Spaziergänge und viele Ruhepausen, die er sichtlich genoss. Zu den Spielzeiten hatte ich immer ein kleines Plüschschwein mit dabei. Er konnte hinterherlaufen, es sich um die Ohren hauen oder andere lustige Dinge damit anstellen.

Der Futternapf rückte langsam aber kontinuierlich näher an die Boxtür, erst in 10 cm Schritten, in 5 cm Schritten, dann in 3 cm usw. Beim Fressen war ich immer in der Nähe. Er sollte nicht das Gefühl haben, dass er mit dieser furchtbaren Box allein sein muss. Als der Napf nur noch wenige Zentimeter von der Tür entfernt war, fing ich an, die Box auszustatten. Im Eingangsbereich verteilte ich Käsehäppchen, ich zog eine Würstchenspur bis nach hinten und das Schweinchen lag darin. Ein Pullover seines Frauchens und seine Decke von zu Hause ergaben ein weiches Bettchen. Im Napf war langweiliges Trockenfutter.

Am ersten Tag hat er es ignoriert. Dann fing er an, zu schnüffeln. Gefressen hat er weder vom Käse noch von den Würstchen. Das Spiel haben wir über mehrere Tage gespielt. Ich habe weiter nichts gemacht, als ihm zugeschaut, ich habe ihn nicht angesprochen oder ermuntert, in die Box zu gehen. Der Napf stand inzwischen direkt vor der Tür. Als er leer war, konnte er nicht mehr widerstehen. Er fing an, mit spitzen Zähnen, ein Stück Käse zu angeln. Als nichts Schreckliches passierte, holte er sich ein zweites und drittes Stück. Das Eis schien gebrochen zu sein. Sein Napf rückte nun in die Box, auch wieder Stück für Stück. Noch konnte er ihn erreichen, ohne die Pfoten hineinzusetzen. Jetzt wurden erst die Würstchen und der Käse, die in Reichweite waren, gefressen, dann der Napf geleert. Lokis Hals wurde immer länger. Bis es nicht mehr anders ging und er eine Pfote in die Box setzen musste. Weil ihm auch jetzt nicht der Himmel auf den Kopf fiel, ging es von nun an schneller. Ich blieb weiterhin unbeteiligt. Endlich verschwand der ganze Hund in der Box, die Tür blieb offen. Als Nächstes lernt er, dass er sich in der Box ganz gemütlich hinlegen kann. Erst als er entspannt darin lag, fing ich an, die Tür zu schließen. Und dann war es auch schon soweit. Das Flugzeug hob ab und an Bord war ein zufriedener, in seiner Box sitzender Loki.

Kleines Schlusswort

Impulskontrolle ist schwer. Machen Sie es Ihren Freund so einfach wie möglich, indem Sie selbst gelassen bleiben. Es ist wichtig, dass Sie zuerst an sich selbst arbeiten. Erst dann beginnt die Arbeit mit dem Hund. Üben Sie sich in Geduld und seien Sie achtsam, dann geht es am schnellsten vorwärts.

Bildnachweise

Adobe-Stock-Material:

#368305504 @serhiibobyk
#496524022 @peopleimages.com
#290482533 @Fesenko
#351835726 @ksuksa
#310381003 @Quang
#8614176 @Lux2008
#496766376 @Firn
#205702780 @New Africa
#303891956 @Eva
#290216111 @sipcrew
#384739118 @220 Selfmade studio
#512504371 @contrastwerkstatt
#327635410 @ Inna
#513117314 @Svitlana
#317948526 @Alexandr
#516088767 @Елена Якимова
#289861594 @fotomowo
#292409528 @Dyrefotografi.dk
#491170095 @dusanpetkovic1
#178207934 @178207934
#490744617 @alexei_tm
#326980376 @Eva
#192164235 @gismo2015
#295898739 @vprotastchik
#328583868 @Volha Krayeva
#315334622 @Reddogs

Impressum

Zenit Verlagskreis LLC
30 N Gould St Ste N, 82801 Sheridan, Wyoming, USA
Layout & Satz: Julia Grün & Kendra Springer
1. Auflage 2023

Bevor du das Buch weglegst, noch eine Bitte!

Es gibt viele tausend Ratgeber und oft ist es schwer, den für sich passenden zu finden. Hilfreich sind hierbei ehrliche und aussagekräftige Rezensionen. Daher ist unsere Bitte:

Hilf anderen Kunden, unseren Ratgeber zu finden und erleichtere ihnen die Kaufentscheidung.

Nimm dir einen Moment Zeit und logge dich auf Amazon ein. Navigiere zu »Meine Bestellungen« und klicke neben dem Buchtitel auf »Schreiben Sie eine Produktrezension«.

Vielen Dank!

PS: Bei weiteren Fragen oder Anregungen erreichst du uns auch unter *verlags.kontakt@gmail.com.*

Du hast eine besondere Expertise im Bereich Hundeerziehung und möchtest dein Wissen als BuchautorIn weitergeben? Dann freuen wir uns auf Deine Bewerbung unter verlags.kontakt@gmail.com